はじめに

私は、約五十年の間、ただひたすら毎日古典を読み続けてきた。
儒家思想、老荘思想が中心だが、その他仏教、禅仏教、神道などの古典である。
十年、二十年と読み進み、やがて三十年を過ぎる頃から、やっと解《わか》ってきたことがある。

この世の根源が見えてきたのだ。

それは、私が読んできた東洋思想の基軸を成す概念でもある。

「いのち」である。

いつも「命《いのち》の偉大さ」に対する畏敬、讃美があるのだ。

命に対する尊厳と言ってもよい。

命というものは、奇跡が幾重にも重なり合って初めて得られるもの。その僥倖に対する崇敬の念に貫かれているのだ。

それは、天地、万物、われわれの周りに存在する生きとし生けるものから、宇宙全体に至るまでに向けられている。

「草木国土悉皆《しっかい》成仏」

この世の一切の有情《うじょう》は、ことごとくみな成仏する。

命《いのち》が命に共生し、相互に支え合って生きているのが、この世なのだと言っているのだ。

命に命が関《かか》わることが、生きている原点だ。

感動は命に出会う時に起こる。

命の喜びに優るものはない。

私は二十五歳の時に、タイ国バンコク市郊外の田園地帯の中で、水牛二頭に串刺しにされ、危うく命を失うところであった。

朝、目覚める。「生きているじゃあないか、自分は」

こんな感動は、そうない。これを毎日繰り返した。

その命を、根本にした五つもの思想哲学が、わが国日本には在るのだ。

しかも七世紀以上の長期にわたって、原点であるそのものの純粋性を失わずに蓄積され続けてきた。

「儒教・道教（老荘）・仏教・禅仏教・神道」

世界広しと雖《いえど》も、こんな国は他にはない。

そしてこの五つの思想哲学は、いまも進化を続けている。

日本に蓄積したこれらの思想哲学は、まるで日本の風土の持つ醗酵文化の恩恵を受けたかのように、霊妙な薫りと風味を持った独特の思想哲学に育っていった。

世界のどこにもない、もはや発生地であるインドや中国にもない。鋭い感性と深い精神性によって洗われ、清められて、一切の余計を取り除いた究極の簡潔さ。そして、宇宙大の広がりとを持った「儒教・道教（老荘）・仏教・禅仏教・神道」になっているのだ。

そしてこれらの思想哲学を基底として成り立っているのが、わが国の伝統精神文化だ。

したがって、わが国の伝統精神文化こそが、「いのちの思想」なのである。

大自然と人間の一体化。多くの動植物との交流。これら全てがいのちといのちの対話なのだ。

これが二千年以上にわたって続けられてきた。

これが日本だ。

そうした観点から、わが国の歴史を改めて眺めてみた。

「清く美しいいのちの流れ」が、滔々と流れている。

それが日本だ。

しかし、この流れは、いまどうなっているのだろう。

清く美しいいのちの流れの川岸に暮らしてきた伝統は、いまも充分に現代日本社会に存在しているのだろうか。

私には、見えない。

どう見ても、見当たらない。

いつからこんなことになってしまったのかと考えてみる。

戦後は何しろ敗戦国家だ。

これでは、如何《いかん》ともしがたい。

では、その敗戦国家に至る進路は、何時《いつ》どこから始まったのだろうか。

遡《さかのぼ》っていく。

明治維新にまで至る。

では、その前の時代の日本、つまり江戸期の日本はどうであったのか。

清く美しいいのちの流れが、滔々と流れているではないか。

ということは、明治維新を改めて問わざるを得ない。

明治新国家の国家構想に問題はなかったのか。

これをもう一回改めて考えてみようと思った。

しかしこれは言うは易し行うは難しの大きな対象である。

私のような一介の漢文読みには荷の重い、分を弁《わきま》えない課題ではないか。

しかしこれをやらずして真の〝日本好き〟と言えるだろうか。悪戦苦闘の日々が続いた。

そこで行き着いたのが横井小楠《しょうなん》である。横井の国家構想に行き着いたのである。

まさに待望の日本の国の在るべき姿が、そこにはあった。

その顛末については、既に上梓した『横井小楠の人と思想』（致知出版社刊）をお読みいただきたい。

さて、明治維新は、「新しい国家体制、政治体制」にあったのであるが、その核心は「産業革命、近代科学技術」の成果にあった。
横井もその事は、承知の上であった。
横井は次のように言っている。
「堯舜孔子の道を明らかにし
西洋器械の術を尽くさば
何ぞ富国に止まらん
何ぞ強兵に止まらん
大義を四海（世界）に布かんのみ」

「西洋器械の術を尽くさば」
まさにここそが明治維新のもう一つの核心なのだ。
しかし横井の論は、そこに対する言及は薄い。
そこで登場するのが佐久間象山なのである。
象山に関しては、横井同様、伝記、研究書の類は膨大にあり、読むべき名著も多く
ある。地元長野、松代の研究者、郷土史家にも優れた人もあり、その研究成果には頭

の下がるほどの努力的産物が多い。

いまさら、私が——との思いもあった。

しかし、佐久間象山から科学技術に対する真のアプローチの仕方、延《ひ》いては、産業革命の進め方を学ぶことも実に意義深いことではなかろうかとも思った。

そこで今回は、「明治新国家の構想係」として、象山はいかなる科学技術立国を考えていたのか、に的を絞って探求し書き進めることにしたい。

というのは、現在この事は「世界的な課題」でもあるからだ。

「第四次産業革命」が猛烈な勢いで世界中を吹き荒れている。

その特長は、ある分野で完成した知見や技術が、直ぐに様々な分野で応用活用され、様々な新たな知見や技術が生み出される。こうした「複合的多分野での開発成果」が、どんどん出て来て、技術の進歩は驚異的に速く広く行き渡ってしまうのだ。

つまり人間主体でなく、「技術主導型の社会」になりがちなのである。

これは実に恐ろしいことでもある。

このまま推し進めてしまうと、技術が人間を使うようになってしまう。現にＡＩが上司となって部下である人間を使いだした例もある。当然の事ながら、ＡＩには慈悲心も人情も人間性もない。いわば冷酷無比な上司なのである。そうした上司に部下である人間は虐げられかねない。

　ゲノム編集や更に合成生物学は人間をつくれるレベルにまできているのだ。更に自律型兵器の進歩も加速度的に進んでいる。これら人間の生み出したものが人間に襲いかかってくる危険性もある。

　そうなっては断じていけない。

　そこでいまこそわれわれは、佐久間象山の「科学技術や産業革命」に対する深く広い学識と識見に学ぶべきなのである。

　象山ほど、正当に、本質的に科学技術を見詰め、人間がいかに主導権をもって技術を扱うべきかを主張した人はいない。

　科学技術は一部の権力者のものでもないし、専門家のものでもない。

　広く一般の市民のものである。

　とするならば、象山の指導を受けるべきは、一部の専門家ではない。ごくごく一般の人々なのである。

　極力この事を考慮し、専門的で難解な説に陥ることなく、誰もが理解できるような平易な文章を、心掛けたいと思う。

さて、「象山」の読みの問題である。

研究者の多くは「しょうざん」と読むのが正当と主張している。しかし地元長野、松代では「ぞうざん」と呼ぶ人が断然多い。私も地元で講演の折に主催者から「ぞうざん」と言ってくれと、正されたことがあった。それ以来、私は「ぞうざん」と読んでいるが、正当性が疑われるという向きも多かろうと思うので、敢えてルビを振らない。どうしても必要な時は地元を尊重して「ぞうざん」としたい。

佐久間象山に学ぶ大転換期の生き方＊目次

はじめに

第一章　いま何故佐久間象山か

第二章　佐久間象山の一生

2 後半生・時代の要請に応える

第三章　佐久間象山に学ぶ

その一　柔らかい頭脳と豊かな想像力を持て

装幀――秦　浩司
表紙肖像画――国立国会図書館ＨＰ

第一章

いま何故佐久間象山か

① われわれはいま、大転換期の真只中にいる

一九四五年、敗戦後の焼土の中から始まった日本の社会は、その後、階段を急速に駆け上るように経済が成長し、一九六四年の東京オリンピックは、崩壊した国家と瓦《が》礫《れき》と化した社会の中から、たった二十年にして、経済大国として復帰したその存在を世界に誇示した晴れ舞台でもあった。

私は当時、記録映画の監督を志して映画制作会社に入社し、市川昆監督「東京オリンピック」のスタッフの一員として、開会式の国立競技場の青空に、航空自衛隊機によって描かれた五輪マークを見上げて、つくづく思ったものだ。

〝日本もここまで来たか〟

私は政治青年でもなければ、社会意識を特別に持って生きている若者というわけでもなかった。

しかし、一介の青年でさえ驚異的と思えるほどのスピード、――毎日毎日風景が変わるほどの――と、国家一丸となった産業力をもって、あれよあれよと見守るうちに、

世界の上位に上っていったという感じであった。

②　時代のサイクル

われわれの住むこの社会には、「成長―安定―転換―成長」というサイクルがまわっているように思える。

幸いに私は、終戦の三年前一九四二年の生まれであるから、このサイクルを生きてきて今日がある。したがって、社会人、企業人としてこのサイクルを実感することが出来た多くの人々の中の一人である。

「高度成長期」が終わると、一九七三年のオイルショックから「安定期」へと移り、そして二〇〇〇年に入ってから「転換期」へと入った。

実感的に言えば、成長期のダイナミズムは、人間の可能性を最高度に発揮させる機会に富み、助力を持っていたように思える。大企業は、看板の信用力と豊富な人材力をもって、ますます規模の拡大を計ったし、中小企業もそれなりに成長することが出来た時代であった。

市場は見る間に拡大し、業績は右肩上がりに伸びて、多くの成功企業を誕生させたのである。

経営者にとっては、この快感は忘れ難いものなのだろう。安定期に入ってからも、「成長期の経営」を行い続けて、結局は行き詰まった会社も、また多い。安定期には安定期の経営があり、転換期には転換期の経営がある。つまり各々性格が著しく異なるのである。

となれば、いまは転換期であるから、転換期の経営に徹しなければいけない。

したがってわれわれは、いま何よりも転換期とはどの様なもので、どの様な考え方を持って、どの様に行うのがよいのかを、学ばなくてはならない。そこで、転換期の指導者佐久間象山に、そうした点を学ぼうというのである。

まず学ぶ前提として、「転換期」の重要性をよくよく認識する必要がある。何故《なぜ》なら、転換期の在り方がその後の「成長期」、その結果得たポジションを守り抜く「安定期」を決定づけてしまうのだ。

その典型例の一つが「戦後の復興」であろう。

普通「国力」と言えば、それは経済力と軍事力を言うことになる。

しかしわが国は憲法によって軍事力の復興を封じられたわけで、逆説的に言えば、経済力の復興のみに集中できた。当時の状況を考えれば、それでなくても限りのあるなけなしの〝人・もの・金〟の資源を一点に集中させることができたのは、偶然の幸運以外の何ものでもない。

結局わが国の「成長期」における奇跡の復興などと称賛された結果も、敗戦、焼け野原、無一文という、まさにご破算で願いましてはという、文字通りの「転換期」に決定された将来構想の産物なのである。

それが意図したかどうかは別にして、経済力の復興を唯一最大の国家目標にし、全力をそこに投入出来たことに負うところ大であると思う。

国家経営とは、そんな単純なものではないという意見もあろうと思うが、経済力こそが国力とする戦後の世界的な風潮も味方して、「経済大国日本」として世界有数の大国になったことを思えば、あながち的外れとも言い切れないのではなかろうか。

この様に、転換期こそが重要である。この期に如何《いか》なる将来計画、国でいえば国家構想、企業でいえば将来構想を設定するかに、その後の運命が懸けられているのである。

したがって、まず我々は転換期を熟知して、転換期に強くならなくてはならない。何事も学ぶには〝手本〟が必要だ。その手本こそが、一五〇年前の転換期である明治維新であり、その転換期の鍵であった「産業革命」や「近代科学技術」についての権威であり指導者であった佐久間象山なのである。

佐久間象山なくしてわが国の近代化はなかった。

象山の詳細については、当然充分に後述するわけだが、その人となりぐらいは知っておいてもらった方が、この後の理解も増そうというものだろう。特に第二章「佐久間象山の一生」でその人生を辿るわけだが、象山がどの様な人物かを知って読むのと、知らずに読むのとでは、彼の人間形成の過程の理解が全く違うと思われることもある。彼自身の代表的な発言を紹介して、それを通してその人物像を知ってもらいたい。

③ 佐久間象山とは如何なる人物か

象山を知る為に、多くの彼の発言の中から選ぶとすれば、次のものに尽きるだろう。

象山自身が自己について述べているものであり、彼の当時の現状認識がどの様なものであったのかについてもよく解る。

『小弟多年西洋之書を兼ね学び、天地万物の実際を窮め、詳証術、分析術等の大略をも心得、大砲、小銃、諸器械の製作、使用をも講究し、攻戦、守禦の陣法、戦術に渉《わた》り候て、東西の長所を兼取り、一家の言を成し候はんと謀り候主意は、外国にて存じ候事を、此邦にては存じ候はず、外国にて能くし候事を、此邦にては能くし候はず候時は、国力も遂に彼れに匹敵し候事能はず、其所を深く恐れ候て、同学の訾咲《ししょう》をも犯し、今日迄も其事に寝食候義に御座候。「同㆑力度㆑徳」と尚書にも有㆑之候通り、敵国にあるに対し候ては、聖学を以て申候ても兎に角、国力第一に居り候事と奉㆑存候。国力弱く候ては、いか程其徳有㆑之候ても、強敵を制伏し候事は、出来かね候事と被㆑存候。去ればこそ、文王を称し候にも「大国其力を恐れ、小国其徳に懐《なつ》く」と申候と奉㆑存候。扨、其国力を強くし、敵国をして恐れしめんには、先《まず》敵国にて知り候事を知り、敵国にて能くし候事を能くし候て、遂に其上に超出《こえいで》候に無㆑之候ては、能はざる事と奉㆑存候。大凡《おおよそ》、敵国の侮りを受け候は、全く彼れが智力学力の及び候所に、此方の智力学力及び候はぬより出で候事と被㆑存候。昨年以来弥利堅の事起り、当春知に及び御拒絶にも至りかね、春秋の所謂城下の盟同様の事に至り候も、畢竟彼れの知り候事の未だ明かならず、彼れの能くし候事の未だ開けざる所に帰宿《きしゅく》候と奉レ存候。』

「わたしは、多年、長い間西洋の書を朱子学の古典と共に学び、天地万物の実際、ほんとうの意味を身をもって理解し、（詳証術とは、象山独特の言い方であるが「数学」のこと）数学や分析学等も深く理解し、更に大砲や小銃や諸器械の製作をし、その最も効果的な使用方法も研究し、攻戦、守禦、攻撃と防禦の戦略戦術の軍事学についても、東洋戦略論と西洋戦略論の長所を研究把握し、わが国でも高い評価をいただけるよう努力してきましたのも、外国でも既に当たり前になっていることが、わが国では全く知られていない。外国で既に使われていることが、わが国では使われていないなどのことが多く、これでは国力も外国に匹敵することなどは不可能なことなのです。

このわが国の外国に劣っている点があることを恐れるあまり、朱子学の同僚たちの呰咲（そしりと笑い）を受けながらも、今日までその事に寝食も忘れるほど打ち込んできました。

一人自分が努力をしてきたのも、わが国の国力が劣る現状を見るにつけ、これでは外国の支配を受けるしかない。外国の支配というものが如何に過酷なものかは、アヘン戦争以来の清国の状況を見れば明らかなところです。断じてそうなってはいけないとの強い念《おも》いから、自分は外国の現状をよくよく知り、そのレベルに肩を並べるよう自国の国力を上げるべく努力をして来たものなのです。」

「同レ力度レ徳」とは、「力を同じくすれば徳を度《はか》り」と読み、同等の国力であれば徳の有るなしが問題になり、「徳を同じくすれば義を度《はか》る」と続く。徳が同等であれば、義、この場合は志の強さと高さであろう。その義の強さが問題となると言っている。「書経」泰誓にある周の武王の言葉だ。

　象山が言っているのは、徳こそが大切などと言っても、それは国力が同等にして初めて言えることで、国力に大きな差がある時には、徳もへったくれもないと言っているのだ。

　したがって敵国と対峙しているようなことになったら、聖学、聖人の説くところを言ったところで全く役立たない。何しろ国力を第一にして、西欧列強と同等にしなければ、いかに徳があったとしても、強敵と対峙することすら出来ないのだ。

　象山の現実的思考、きれい事ではなく、事の本質を見逃さない厳しさがよく表れていると思う。

だからこそ、文王も「大国はその力を恐れるぐらいでなければ、小国がその徳になつくこともない。」、国力の強さがあっての徳だと象山は言っているのだ。

その国力を敵国と同等にして、敵国が恐れるようにする為には、まず敵国をよくよく知ることだ。敵国が可能なことは、まず自国も可能にし、その上それを超えるようでなければ敵国もこちらを恐れない。

おおよそ、敵国がこちらを馬鹿にするその大本には、彼らの智力や学力に、こちらの智力や学力が及ばないことからきているのだ。

昨年以来アメリカの襲来を受け、この春にも開国の要求を拒絶出来ないのも、「春秋時代」のいわゆる〝城下の盟〟と同様のことになってしまったのも、彼らの能力の実体をよく知らないところ、また彼らが可能な事が何故可能なのかなど知らないことに全て帰着しているのだ、と言っている。

城下の盟とは、敵に首都の城下にまで攻め込まれて結ぶ講和条約のことで、敗戦が既に明確な状況という不利な立場で結ぶ条約のこと。

春秋左氏伝の恒公十二年に出てくる言葉だ。

この手紙は、安政元年二月十九日の日付になっている川田八之助外壱名宛の書簡である。

ペリーが再航した時の、幕府側の交渉役は先例に則して林大学頭、林復斎であったが、川田はその林家の用人と思われる。

自分こそが、相手と対等に話し合えるだけの西洋学問の智力と学力を持つ者であるから、是非交渉役の一人に加えるよう推薦してほしいという依頼の手紙である。

象山という人が、如何なる気概の持ち主か。更に長年に渡る西洋の学問の精進、研鑽の目的がどこにあったのか。更にどの様な戦略をわが国に持たせたいと思っていたか。だからこそ、まずは自分でそうしたことを実践して先鞭をつける。そうして先駆者の一人になって、自分の実践を通して得た智力、学力、そして経験を示すことこそが最も説得力のある事だと信じていたか、そうしたことが、とてもよく解る貴重な文章なのである。

もう一つ象山が如何に外国に関心を持ち、その本質的理解に努《つと》めていたかが、よく解る発言がある。それを読んでみよう。

『或は大船の製法ならびに水軍の鍛錬も、是迄本邦に無レ之新規の事にて候へば、用《よう》立《だち》候程には容易に至り兼《かね》可レ申、且《かつ》何芸に限らず学び候ものゝ方、教へ候ものより劣り易きものに候へば、旁以実用に無《おぼ》二覚束《つかなき》一段《だん》、御気遣ひも可レ有二御座一候へども、古来より出藍《しゅつらん》の諺《ことわざ》も御座候義、且近くは魯西亜の主ペートル、其国の大船に乏しく、水軍に不レ習、航海に疏《うと》く候を嘆き、阿蘭陀より諸芸に長じ候ものを傭《やと》ひ、国人に是を習はせ候所、尤も督責勧奨《とくせきかんしょう》の行届き候故か、右之諸芸暫時に開け、遂に欧羅巴州中にて名誉の国と相成申候。一体魯西亜国は、右ペートル以前は、西洋諸州の内にも頑愚《がんぐ》之貧国とて、共に歯《よわ》ひをも不レ仕位の国に候だに、上に豪傑の主有レ之、是を導き候へば他国の下にたゝぬ様相成申候。

〔海防に関する藩主宛上書、天保十三年（一八四二）〕』

「大きな船舶の造船技術や海軍の鍛錬も、これまで日本にはなく、新規の事であるから、役に立つほどの力量には容易にならないと言われる。どの様な技術も学ぶものの方が、教えるものより劣るようになるもので、なかなか実用になるレベルにならないのではという気遣いもあろうとも思う。しかし〝出藍の誉（弟子が師を越えて優れている）〟という諺《ことわざ》もあることだ。

近くにはロシアのピョートル大帝が、自国に大船がなく、海軍も訓練されておらず、航海にも熟達していないことを嘆いて、オランダから様々な技能に長じた者を雇い、自国の人間に講習、実習を行わせたところ、厳しい訓練や励ましや支援が行き届いたこともあって、諸技術に長けた自国民が短期間に生まれ、遂にヨーロッパの中でも名誉を誇る国になった。そもそもロシア国は、ピョートル大帝以前は、西洋諸国の中でも劣った貧しい国であり、〝歯《よわ》いをも不仕〟（仲間として交わることも出来ない）ぐらいの国であったが、上位に豪傑（ピョートル大帝）が就任して、国を導いた結果、他国の下に立たぬような国になった。」

ピョートル大帝とはどの様な人物か。

身内との戦いに勝って実権を握ったピョートルは、遅れたロシアの近代化を痛感して、大使節団と共に西ヨーロッパの技術や制度を視察し、オランダや英国の工場、学校、病院や造船、砲術などを学ぶと共に多くの技術者を連れて帰国。国家と軍の近代化に着手し、政治、経済、社会、文化の全分野にわたる急激な改革事業を行って、新都ペテルブルグ（サンクト・ペテルブルグ）を建設して、バルト海沿岸を制圧し、西洋との交流の窓口として活用、ロシア帝国を列強に対抗する力を持ったヨーロッパの強国に仕立て上げた。

何と明治維新を象徴するような人物。何としても当時の日本が学ぶべき人物なのである。

象山が最も尊敬したリーダーなのである。

象山の炯眼の凄さが表われているのだ。

こういう人物を知り、その行いの要点を深く学習して、自分のものにする。これこそが象山の人生の進め方なのであるが、それはどの様な心構えから来ているのだろうか。

それがよく解る発言がある。

『予《われ》、年二十以後は、乃《すなわ》ち匹夫《ひっぷ》も一国に繋がりあるを知る。三十以後は、乃ち天下に繋がりあるを知る。四十以後は、乃ち五世界に繋がりあるを知る。』

吉田松陰の密航事件に連座して入獄した象山が、獄中で想を練った「省諐録《せいけんろく》」に出てくる文章だから、既に人生の後半に書かれたものだ。

「二十歳以後は、藩の為に働く有為な人物になっていようと思い、（そうなった。）三十歳以後は日本の為に働く有為な人物になっていようと思い、（そうなった。）四十歳以後は世界の為に働く有為な人物になっていようと思っている。」

象山という人が如何なる人物か。心の奥底に何を抱いて生きた人であったのかを、よく表わしていると思う。

こうした象山に対して、彼とそれこそ同志として付き合った人間は、どう見ていたのだろう。

自分の妹が象山に嫁して、兄となったのが勝海舟である。もともとは砲術塾の弟子であったから、弟子にして兄という立場である。

「氷川清話」では、厳しい象山評を語っているが、そもそも口の悪い人物である。身内となれば余計、そうなろうが、象山暗殺されるの報に接したその時こそ本心が出るだろう。その日の日記に海舟は何と書いたか。

『昨夕、三条木屋町にて、浪士、佐久間修理を暗殺す。

ああ、先生は蓋世の英雄、その説正大、高明、能く世人の及ぶ所にあらず。この後、吾、また誰にか談ぜむ。国家の為、痛憤胸間に満ち、策略皆画餅。』

「昨夕、三条木屋町において、浪士が佐久間修理を暗殺した。

あゝ先生は、世を覆いつくすほどのまたとない英雄で、その説くところは、高明にして正大、多くの人の及ぶところではなかった。

この後、私は誰を頼りとしたらよいのか。今後の国家を思うと、大きないきどおりが迫ってきて、これで計画はみな絵に描いた餅になってしまう（「策略皆画餅」）。」と海舟は言う。象山とはそうした人であった。

④ 明治維新とは何であったのか

明治維新が切り開かれたその要因をよく知る為には、まず幕末の日本の状況をよく知る必要がある。

当時の日本は整理すると四つの大問題に襲われていた。

1「内憂の解決」

幕藩体制そのものが時代状況にそぐわないものとなり機能不全に陥り、その結果「安政の不平等条約」を西洋列強と結んでしまうなど、いわゆるガバナンス（統治力）が利かない緩《ゆる》み弛《たる》みの状態であった。こんな頼りない政府に、自分の国を託してよいものかと、若い下級武士が憤るのも当然のことである。

2「外患の排除」

西洋列強が精巧な近代兵器による強大な武力で、東洋の国々を次々と支配下に治めており、次は日本という状態であった。敵は直ぐそこに迫っているわけで、手を拱《こまね》いているだけでは何ともならない。

以上の内憂外患だけでも、国内体制を機能回復させ、更に西洋列強に討ち勝つという至難極まりない大難事であった。しかし問題はこれだけでは終わらない。以上を解決したとしても、更に気が遠くなるほどの大仕事が待ち受けていたのだ。

3「近代国家の建設」

解り易くする為に簡潔に言えば、近代国家とは、次の三点が完備していることを言う。

（1）法体系の整備

地球の中の一員としての国家として認めてもらう為には、法律によって運営されているという共通する基準を保有する必要がある。つまり法治国家であることが条件であるから、まず法律の体系を整えることが急務であった。

（2）政治制度の確立

議会制民主主義が施行されていること。ということは議会やそれを受ける行政機関の整備から、選挙制度の全国的展開と定着などが即座に必要となった。

（3）経済システムの定着

資本主義である。資本主義を成り立たせている諸条件を完備する必要に迫られたのだ。会社は法人である必要があるし、経営も法人としての社会性を重視して行われる必要がある。更に株式市場やそれに伴う法律の整備なども必須となる。

以上の三点を完璧に整備することは、驚くほど広範囲にわたって膨大な作業が必要となる。しかし、西洋列強の脅威を間近に感じているわけだから、早急に近代国家になって対抗しなければならない。

しかしこれだけでは終わらないのである。更に急を要する大問題があった。

4 産業革命の実施

西洋列強の力の源泉は何と言っても、産業革命による近代化による様々な成果を、国力の源泉としているところにあった。いわば産業革命は、国力の質を保証しているものでもあった。したがって、西洋列強の脅威をある程度排する為にも、少なくとも同等の国力を持つ必要があり、産業革命の一刻も早い実施にこそ、日本の運命が懸けられていた。

1内憂の解決
2外患の排除
3近代国家の建設
4産業革命の実施

幕末維新とは、この四大難問題を全て速やかに、鮮やかにやり遂げることであった。改めてこうして見ると、尋常な力量ではとても推し進めることは出来ないように思える。

しかし当時の日本人は敢然とこの四大難問に挑戦し、成し遂げたのである。

彼等は何故出来たのか。

第一義に出てくる解答は、当時の日本人の「人材のレベルの高さ」である。もっと具体的に言えば、「全人格的人間力の高さ」に帰するであろう。全人格的人間力とは、まず誰しもが敬意を表するだろう品格と威厳、人間性と社会性を保持していること。そして信頼に足りる誠実な人柄と能力が備わっていることである。

ということは、そういう人物を多数育てることが出来た「教育力」の成果と言ってもよい。江戸期の教育の凄さである。

この点については、佐久間象山がどの様な教育を受けて育ったかの「学びの歩み」を振り返って究明してみたい。

しかしここでは、もっと重要な事を問題視したい。

⑤現在もまた内憂外患に襲われている

実はいま挙げた幕末維新期の四大難問に匹敵する危機が、現在わが国に襲来しつつあることだ。

そうした点で言えば、当時の状況はそっくり現代日本の状況であり、状況は〝瓜二つ〟と言ってもよい。

一つ一つをしっかり見ていこう。

（一）「内憂の解決」

現在の日本が抱える最大の内憂として挙げざるを得ない深刻な問題がある。

それは「規範形成教育が無い」ことである。

「規範」とは何か。

人間が行動する時、発言する時、判断する時、評価する時、何らかの基準に基づいて行っている。それを規範という。

江戸期はこれを「規矩《きく》」と言った。

規はコンパス（ぶんまわし）、矩は物さし（指し金）のことで、どの様な大伽藍もこの両者で設計し、建築するわけで、「規矩準縄《じゅんじょう》」と言ってとても大切にした。人間も同様で、大人物になる為の必須のものなのである。

規範の重要性はどこにあるのか。

例えば日本の社会の文化性、民度の高さを示すものは何かと言えば、日本という社会が持っている規範、日本人としては、それが常識、当たり前という尺度、基準があってこそのものなのだ。

何故なら、規範は個人に「内面化」すればその人間の言動や判断の基準になる。それが「社会化」すれば、社会の制度などになってその社会に定着し、社会的生活の一貫性を保証するものとなるからである。一人一人の内面と社会が一致しているわけだから、余計な配慮や心配がいらなくなる。反対に一致していなければ、いちいち自分のこれから言う発言やこれから行う行動に対してチェックしなければいけなくなるから、いつも、自信無さ気になってしまうのだ。そういうところ、あなたは無いだろうか。更にもっと恐ろしいことになってしまう。

例えば、いまその人がある行為、人を殺そうとか、ガソリンをまいて火付けをしようとかした時に、それをするべきかどうかの判断をする。その時に基準に照らして判断するのである。後に述べるように基準は「人間性と社会性」から成り立っている。したがって、人間性の面からも、社会性の面からも、それは良くない行為だ、止めておこうという判断になるのだ。

規範が曖昧であるとか、出来上がっていないとかになると、人間は基準なくして判断が出来ない。したがって勝手極まりない自分の判断基準を自分で作って持ってしまうことになる。

一億人の人間がいれば、各々が自分勝手な基準で行動をし出すわけで、当然他の人々からすれば迷惑、それが人間性も社会性もなければ多くの被害者が出ることになる。

最近の日本社会で起こる自分勝手極まりない犯罪の多くの原因がここにあると思う。「規範教育が無い」から、共通のその社会の規範を習得する機会が無い。したがって一個人として見れば、人間性、社会性のある判断基準が無い。自分で作った自分勝手な基準があたかも常識と思ったり、誰しもがその様《さま》であると思ったりする。したがって正しいものと思い込んでしまう。

更に言えば、「心を一つにして」とか「一致団結」など規範の共有化があってこその事が行い難くなってしまう。

日常生活でいえば、感情を制御し、押し止めるべき規範が無いから、〃直ぐキレる〃ことになる。他人の不幸を喜ぶことにもなってしまう。〃いじめ〃は更に増加する。

政治がいくら良い政治を行っても行政が努力しても、受ける国民の方がこういう状態にある。これでは政治も行政も建設的にはなり得ない。

国家の危機に際しても、共通する規範が無い。自分勝手な規範しかないから、自分だけ良ければという判断になる人が多い。あるいは、判断がつかないから、強烈な主張に流されてしまう人も多くなる。では規範教育があるとはどの様な状態を言うのか。江戸期行われていた伝統の規範形成教育を紹介しておこう。

⑥ 伝統の「規範形成教育」とはどの様なものか

良い機会なので、わが国伝統の規範形成教育とは、どの様なものなのかを見ておこう。

○胎教

江戸期は、まず「胎教」には社会を挙げて取り組んだ。お腹の大きなご婦人が向こうに見えると、口論している連中も、一時休戦で通り過ぎるのを笑顔で見送ったりしたほどだ。

○誕生後から三歳ぐらいまで（図1）

母性（母親でなくても、それに代わる人でもよい）から慈愛を受け、己の内にある慈愛を引っ張り出して自覚する。

（図１）　　誕生から三才まで

母　性　と　父　性

⇩　　　　⇩

情緒的・主観的な愛　　論理的・客観的な愛

慈愛　　義愛

（図２）　　三才から六才まで

母　性　と　父　性

⇩　　　　⇩

情緒的・主観的な愛　　論理的・客観的な愛

慈愛　　義愛

⇩　　　　⇩

①惻隠の心　②羞悪の心　③辞譲の心　④是非の心　（四端）

① 惻隠 ＝ 困っている人を見て気の毒だと思う心
② 羞悪 ＝ 自分の不善を恥じ他人の悪を憎む心
③ 辞譲 ＝ 謙遜して他に譲る心
④ 是非 ＝ 道理に基づき善し悪しを判断する心

（図３）

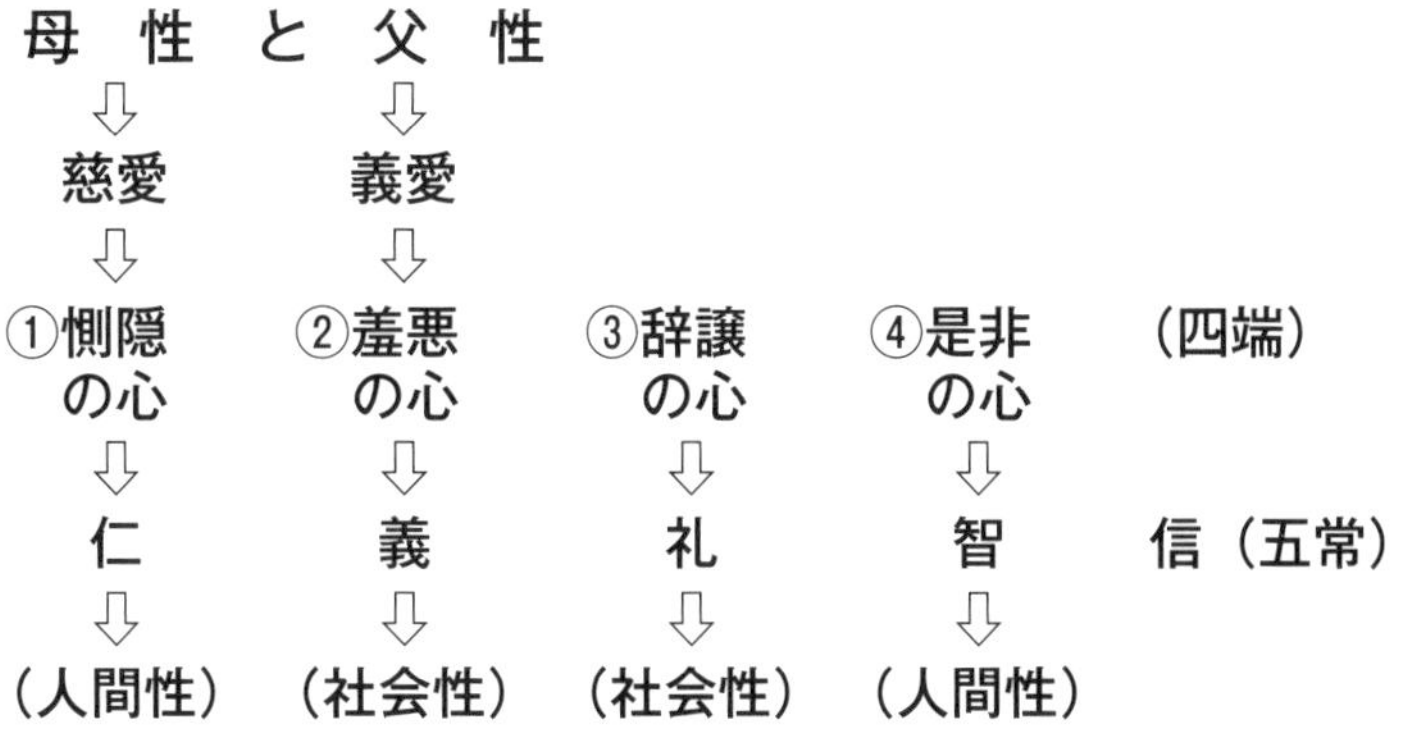

母親も慈愛を与えようとの自覚を忘れずに接することが重要である。

父親も同様で、義愛を与えようとの自覚をもって接することによって、子どもの内なる義愛が引っ張り出されて、自覚される。

情緒的で論理的、主観的で客観的というバランスの良さを得られる。

○三歳ぐらいから六歳就学まで（図２）

慈愛が育って惻隠の心になる。

義愛が育って羞悪の心になる。

それに二つの要素が加わる。

辞譲の心と是非の心だ。

以上の四つの要素を「四端《したん》」、四つの重大な端緒《たんしょ》（事のはじまり、いとぐち、手がかり）と言う。

○六歳から十五歳の元服（成人）まで（図３）

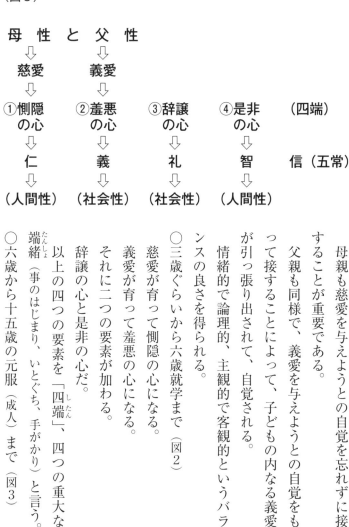

それぞれ四つの端緒が、人間の持つ四つの人格形成の要素に育つ。

惻隠の心↓仁

羞悪の心↓義

辞譲の心↓礼

是非の心↓智

仁義礼智の四徳を振るうと「信」を得ることが出来る。

そこで仁義礼智信の「五常」となる。

（図４）

社是社訓・企業理念
企業人としての規範
社会人としての規範
人間としての規範

現代の言葉に直して言えばこうなる。

仁↓人間性

義↓社会性

礼↓社会性

智↓人間性

信↓人間性と社会性

こうして見ると規範の基盤こそ「人間性と社会性」にあることがよく解る。

規範には構造がある。（図４）

一番下こそ構造物の基礎基盤であって「人間としての規範」、最も強固にすべきところである。これが「仁義礼智信」＝「人間性と社会性」である。

その上に構築されるのが「社会人としての規範」で、成人式などで説かれる「公序良俗に反しない」「約束を守る」などである。

その上に構築されるのが、企業人、行政マンなどの「職業人としての規範」。

その上に構築されるのが、「社是社訓、組織理念」などの「成員としての規範」である。

規範形成教育と言えば、一番下の土台、人間としての規範をつくる為の教育を指す。これが正当に行われていないのが、現代日本社会の現状である。

⑦「規範形成教育」の効果はどの様に発揮されるのか

江戸期、官軍と幕軍とに対立はしたが、日本人同士が死闘を繰り返して、日本人の半数が死ぬような事態に陥ることはなかった。そうした象徴が、「江戸無血開城」だ。

西郷南洲も勝海舟も、全く同様の規範形成教育を受けていた。

したがって対立はしても、何処かで共通する規範が働き、交渉が究極まで達すると、この共通する規範である「仁・義・礼・智・信」が作動し始める。江戸が火の海になれば、どちらが勝っても戦後の復興に膨大な金がかかる。国内にはそんな金がない。他国から借金する。借金の形《かた》に領土を取られる。

官軍には英国、幕軍には仏国が付いて、しきりに金銭援助、武力支援を申し入れていたが、両軍ともに最後の最後までこれを避けた。援助支援を受けたが最後、結果は英仏の代理戦争となって、ロンドンかパリで停戦会議となる。やがて日本は分断され北は仏国領、南は英国領となってしまう。そうした危険性を西郷も勝もよく承知していたからだ。

これも規範の共有から生じている。

ではこれほど大切な規範形成教育が何故現在無いのか。

戦後占領軍の政策でそっくり取り除かれてしまったと言われている。戦後も七十年も経ってしまって、規範などと言う人も規範形成教育の再興を主張する人もいなくなってしまった。これでは日本の危機に際しても、国民こぞって団結して、自国を守ることさえ出来ない。国内世論は四分五裂して収拾のつかないことになってしまうだろう。これを内憂と言わずして、何を内憂と言うのか。

(二)「外患の排除」

現在の日本を取り巻く周辺国との関係を見れば、そう楽観視もしていられないと誰でもが思うだろう。

隣国である中国、韓国、ロシアとは、何と言っても紛争の火種になりがちな領土問題を抱えている。

北朝鮮は相変わらず核を頼りに外交を進めていて、改める気配は全くない。したがって何時ミサイルが飛んでくるか解らないという懸念は、当分の間続くだろう。

米国との関係も、当然の事ながら自国の国益が絡む問題になれば、自国ファーストとばかり、米国優先を強いてくるだろう。何しろ国の安全という国家の根幹を支えてやっているのだと言われれば、相当な要求もイエスと言わざるを得ない。となれば、それに対する国内世論の反発が懸念される。したがってどうしても外交が卑屈になりがちになる。これが良くない。外交力とは、正々堂々の中から発揮されるものなのである。

こうして見ても、わが国を危うくする火種は多く在るのだ。いや外交とはそういうものだという意見もある。しかし、火種は少ないに越したことはない。

⑧中国との関係で生じる外患

そこで、わが国の最大の危機が想定される「対中国関係」についてのみ、ここでは触れておくことにする。

中国が伝統とされる「中華思想」の国であることは、誰も否定はしないだろう。ということは、いつしか中国は、世界の中心国家になるという野心を持っているということだ。

いつしか、と言ったが、これは中国の計画によれば二〇四九年のことであろう。この年は、中国にとっては重大な意味のある年なのである。何故なら「中華人民共和国」は一九四九年十月一日に成立した。成立後百年が二〇四九年で、国家百年計画の目標達成の年なのだ。

中国が百年計画にこだわりを持つのは、更に国が成立した約百年前の一九四〇年こそ、中国にとっては忘れてはならない年、アヘン戦争の年である。アヘン戦争は、世界の大国がどの様な本意を持っているものかを理解する意味でも、よく承知しておく必要がある。また佐久間象山にとっても人生の目標が一変してしまうほどの重大な事柄であったので、ここでしっかりと知っておこう。

何しろ中国が劣勢に陥ってしまったのは、一八四〇年のアヘン戦争からである。アヘン戦争といえば、英国と中国（清）との戦争であるが、そもそもこの両国はそれまでひどく緊密な関係にあったのだ。十八世紀後半ぐらいの両国関係を見れば、やがて戦争をひき起こすなどと、誰が予想したか。だから、外交というものは〝一寸先は闇〟と思っていた方がよい。

英国は、他の欧州諸国よりも中国との貿易を優位に進めていたから、いつの間にか、茶や絹や陶器などの輸入量が多くなってしまった。俗に言う片貿易になってしまったのだ。ということは代金としての銀が多く中国へ流出してしまったわけで、英国はこれを何とか取り戻さなければと考えた。

その策というのが、大国の身勝手というか、誠に乱暴な手段を取ったのだ。植民地であったインドで作ったアヘンを中国へ輸出して銀を取り戻そうとしたのだ。中国は雍正帝《ようせいてい》（在位一七二二〜一七三五）の時にアヘン禁止を法律化していたから、輸出と言っても密輸、密貿易で中国へ売ったのだ。これによって中国に溜まった銀は、今度は英国に向かって払い出されることになる。実際には中国へ支払うべき茶の輸入代金を、インドからアヘンを中国に売って、インドの受け取る代金で英国の工業製品を買わせるという俗に言う「三角貿易」で、英国は銀の回収を計ったのだ。大国の巧妙な手口と言ってよい。中国は巨額な銀が流出してしまうという財政上の問題とアヘン中毒患者が増加するという社会問題とから、何とかしなければならなくなった。中国はわが国でも有名な林則徐という熱血漢を当地へ派遣した。彼は英国商人にアヘン二万箱を出させて、大衆の目の前でこれを海に投げ捨てるということをやったのだ。そして英国との貿易禁止に踏み切った。

これに対して英国は、ここぞとばかり軍隊を中国に派遣して総攻撃をする。上海などを次々と占領して南京にまで迫ったので、ついに中国は泣く泣く屈辱的な南京条約を結ぶことになってしまった。この機に乗じて仏国、米国も次々と条約を結んで同様の権利を手に入れた。

更に中国は列強の武力により天津条約、北京条約と屈辱的な条約を結ばされて、以後百年、悪夢のような植民地化が続いたのだ。

中国の知識人の多くと話しても、本音は必ず、この〝百年の屈辱〟をどの様に晴らすかになる。とともに、乾隆帝《けんりゅうてい》（在位一七三五〜一七九五）の頃の全盛を極めた中国を再興するという決意を語るのが当たり前のことになっているのだ。

先に国力とは、経済力と軍事力だと言ったが、まさに中国は、一九四九年の国家成立以後、この両者の増強に力を尽くしてきた。

経済力は、「一帯一路」構想などにより、二〇三〇年には、米国を抜いて世界一の経済大国になるだろうと言われている。

また軍事力も「宇宙を制する者は地球を制す」として、宇宙の制覇に向け着々と成果を挙げている。そもそも中国では、宇宙開発部門を、国家成立後七年にして人民解放軍の中に「国防部第5研究所」として設置したことに始まるので、軍事力強化として、見ているのである。その後の成果は恐ろしいものがあり、二〇一七年十月十九日宇宙ステーション天宮2号と神舟11号をドッキングさせ、その後本格的な有人長期運用の宇宙ステーションの建設を行っている。二〇一三年十二月四日には月の「雨の海」への軟着陸にも成功して、月探査に力を入れ、月の裏側にまで到達してしまっている。これ等は全て、宇宙における軍事基地と見るべきであろう。大気圏外から発射すれば、単なる棒も、ミサイル級の破壊力を持つと言われている。武器としての精度は、中国版GPS「北斗測位衛星航法システム」の驚異的進歩により二〇二〇年には三十五基の衛星で完全に地球を被い、誤差を〇．五メートル以内にまで高めようとしている。隣国に覇権主義の大国が急速な成長を遂げて存在することをわれわれ日本人は決して忘れてはならない。

一九〇〇年代の後半から、世界の代表的な有名大学、オックスフォードやケンブリッジ、ハーバードやMIT、スタンフォードやUCバークレーなどは、中国人留学生の数が年々増加し、各校の派遣国ランキングで最大多数を誇っている。

こうした優秀な人材が続々と中国へ帰国し、様々な分野のリーダーになりつつある。中華思想は、華夷思想とセットになっていると言える。華夷思想とは、漢民族を中心とした上下優劣を区分する思想である。したがってわが国は「東夷」として一段下の国として見られるということだ。そう言えば、中国国内で出まわっている二〇四〇年の国内地図に、日本が「東海省」「日本自治区」として既に含まれている。

これを外患と言わず、何と言うのか。

(三)「近代国家の建設」

ここで最大の問題は、明治維新において行った近代国家の要件三点が、ことごとく制度疲労を起こし、大きな問題を発生させていることである。

東洋思想では「陽極まれば陰となる」と言う。

これを活用すれば、「善極まれば悪となる」となって、当初善いことであったものも一五〇年も経てば極まって弊害が起こり悪となるのは必定ということになる。

⑨ 法体系の整備

余りにも法万能になり過ぎてはいないか。何事も法で解決しようとすると、実は人間にとって大切にすべき点、愛情とか慈悲心、国民感情との遊離を起こして、法に対する基本的信頼が揺らいでしまうのではないか。

「論語」に次の様な章句がある。
「子曰わく、之れを道《みち》びくに政《まつりごと》を以ってし、
之れを斉《ととの》うるに刑を以ってすれば、
民免《まぬか》れて恥じる無し。
之れを道びくに徳を以ってし、
之れを斉うるに礼を以ってすれば、
恥じる有りて且《か》つ格《いた》る。」

「政を以って」というのは、政治は立法であるから法律を意味する。国家をリードするのに法律をもって行い、国家を統制するのに刑罰をもって行えば、人民は必ず抜け道を考えて、そこで逃《のが》れようとする。それはただ厚顔無恥の人間をつくることにしかならない、と言っているのだ。

何故か。
法律も刑罰も人間が作ったもので、しかも文章文言である。
人間は、誰かが作った文言に従わされてなるものか。自分にはもっと知恵があると

言う自負心があるから、必ず抜け道づくりを行う。それはあたかも、知恵競《くら》べに勝ったような感覚になるから、これを繰り返していると、国のルールに従わないということを忘れて、いつしか厚顔無恥になってしまうといっているのだ。

したがって、人格による統治、徳や礼によって治められれば、人民はその徳や礼を慕うようになるから、人格も向上すると言っているのだ。

法律一点張りの社会に対する忠告として、貴重なものだと思うのだ。

⑩　政治制度の確立

議会制民主主義という制度に対する疑問である。

まず、議会を一日開くと衆議院一億円、参議院一億円の経費が掛かると言う。更に代議士を永田町に留め置く為に、立派な議員宿舎が用意されている。これも建設費から維持費、運営費を入れたら多額の費用を支払っていることだろう。

その議員を選ぶのにも、予想外の額の金が必要となっている。衆議院議員選挙一回につき、七十億円とも八十億円とも聞く。

要はこれだけの税金を使って、それに見合う効果があるのかという点である。

党利党略に走っている議論や族議員の票目当ての議論などで終始しているようでは、効果の程は保証出来ない。

いまやデジタル革命の時代なのだ。

通信環境の革新的な進歩を考えれば、如何《いか》にも議会制民主主義はアナログ過ぎると思われる。

いまはごくごく普通のTV番組でも、視聴者参加で、投票結果はその場で出てくる。

地域市民の代表として全国から永田町に集まって、地域市民の代わりに議論するのが代議士というものだろう。

真に代議をしているのでなければ、直接的に国民の意見を取ってしまってもよい時代になったと思う。

議会制民主主義を根本的に革新する必要は大きいのである。

⑪ 経済システムの定着

資本主義も、大分以前から大きな転換を要求されながら、一向に改められていない。リーマンショックでアメリカン・キャピタリズムの弊害が叫ばれた。

金銭物質至上主義になり過ぎているのではないか。

金を稼ぐ人は優秀な人、稼げない人はダメな人、と言わんばかりにどうしてもなってしまうのではないか。人間の尊厳が言われている一方で、こんな酷い評価はないのではないかと批難されたが、暫く経つとそんな声も失せて、また元の木阿弥になってしまう。

更に細かいことを言えば、企業の「計数主義」も、リーマンショックの直後には、経済破綻の原因のように批難された。

一年間の社員の努力をただ単なる数字のみで表すのでよいのか。もっと言えば、決算を数字だけで評価するのであれば、利益などのように多い方が良いという数字は、三よりも四、六よりも七という感情に襲われて、少々非人間的な手段を採っても、数字を上昇させることだけに躍起になり、つい実態と遊離した数字をこしらえるようになってしまうというのである。

こうした声も、数年も経てば聞かれなくなってしまう。

「経済システム」の転換についても、いま大いに問われているのである。

このように、いま「国家とは何か」「企業とは何か」と根本的に問われているのである。

いまから一五〇年前も同じ状況であった。

「国家とは何か」が問われていた。

それに応じたのが横井小楠であった。

もともと横井は、国というものは、民の幸せの為にあるべきもの。「民の幸せのお世話係」としての国家というものを想定していた。

ところが江戸期の現実には、徳川一家の幸せの為に民がいるようになっている。これは本来の国の姿ではないと横井は思っていた。

また国家のリーダーは、仁徳の発揮を信条として、国民の心配を取り除くことにこそ政治の本質がある。その為には衆知を結集させ、講習討論を繰り返す。講習討論の前には万人平等であり、知恵を出し合うことが肝要であり、リーダーは自己の日常の在り方を常に天に問いつつ政治を行うべきだとした。

（図５）

明治大転換推進の構図

責任者
岩倉具視

リーダー
西郷南洲

構想係
横井小楠、佐久間象山

実行係
大久保利通、伊藤博文

日本には日本独自の使命がある。

それこそが第一等の仁義の国になり、世界の人々に世界の存在意義と人間の道義の何たるかを行き渡らせ、世界の世話焼き国家になることだと説いている。

「大義を四海（世界）に布かんのみ」と言ったのである。

私はこの横井の国家構想に感動するとともに、今後の日本の指針になるべき考え方だと思い、それを紹介（『横井小楠の人と思想』）したのである。

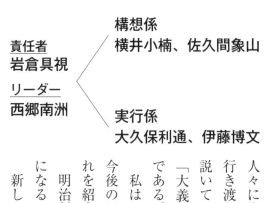

明治新政府の理想的布陣としては、図5のようになるべきだったと思う。

新しい国家には、何と言っても国家構想が必要で、その任に当たる構想係としては、横井小楠と佐久間象山。その構想を実施実行する実行係は、伊藤博文と大久保利通。これらのまとめ役として西郷南洲。全体を束ねるのが岩倉具視というのが新国家中枢の顔触れである。

しかし残念ながら、佐久間象山は維新の四年前、横井小楠は維新の翌年（といっても明治元年は慶応四年九月八日であるから四ヵ月余りしかない）に、二人とも京の都で通行中を暗殺されてしまう。

つまり構想係が二人とも突然いなくなってしまったのだ。

困った岩倉は、底力を発揮する。さすがに策謀に長《た》けた公家だけのことはある。万事に窮することがない。

西洋列強の真似をすればいい。よく言えば、先進諸国の先進性を何もかも全て積極的に、もっと言えば我武者羅に取り入れることだとした。その為には、〝百聞は一見に如かず〟で直接見て廻ろうということになり、「岩倉遣米欧使節団」となる。何と新政府の中枢の人々が明治四年十一月から明治六年九月まで、約一年十ヵ月もの間国家を留守にして見聞回覧したのである。

この効果は絶大なものであったと思う。何しろ内閣とその周りの人々は、皆一緒にそのものを見てきたわけだから、「あそこで見た××だよ」と言えば通じるのだ。そうでなければ、思ってもみなかった造船所や鉄工所、住宅や学校など、理解させるのには至難のことであっただろう。そのお陰もあって、十年も経てばもはやすっかり日本は、西欧の国になってしまった。

和魂洋才のはずが洋魂洋才の国になってしまったその結果、細かく言えば、一八六八年の維新から二七年経った（一八九五年）日清戦争の勝利、三七年経った（一九〇五年）日露戦争の勝利で、西洋列強と肩を並べる国になった。

しかし何と日露戦争勝利から約四十年経って一転して敗戦国家になってしまい、全てを失ったのである。しかも三百十万名という死者まで出してしまった。

私は、その国の伝統、独自性（アイデンティティ）、特性を無視した、言葉を換えれば、それを活かさない転換とは、真に正しい転換であったのかと、ずっと問い続けている。

構想係は二人いた。横井小楠と佐久間象山。

二人は幸いにもちょうど相互補完関係にある。

横井小楠は何と言っても「国家体制、政治体制」の識見を持つ人であったが、明治の転換の最大の鍵であった「産業革命、科学技術」には疎《うと》かった。

佐久間象山は「産業革命、科学技術」の権威であり、理論に精通しているばかりでなく、実際に大砲や小銃の製造の一級の技術者でもあったが、「国家体制、政治体制」には余り関心がなかった。

そして二人には、大変素晴らしい共通点があった。

それは二人とも、日本という国の伝統に対し、深く理解し、崇敬の念を忘れなかった。そして二人ともわが国有数の朱子学者でもあった。

朱子学というのは、私の長年探究してきた分野であるが、実に面白いものなのだ。

南宋の朱熹（一一三〇〜一二〇〇）が一つの学問体系としてまとめた新しい儒学なので朱子学と言う。

日本でいうと鎌倉時代（一一八五〜一三三三）のことである。

中国は宋（九六〇〜一二七六）の時代。

後周の将軍趙匡胤《ちょうきょういん》が建国し、一一二七年金の侵入で九代で江南に逃れ、これまでを北宋と言い、以後を南宋と言う。

儒学の伝統はあるにはあったが、いわゆる「訓詁学」、文字や章句の意を解釈する学問になってしまって、本来の儒家の思想の持つ、人の道を説き、道義の行き渡る社会を説く、いわゆる「義理の学」とはほど遠い姿になってしまっていた。

それを、孔子や孟子の説いた仁徳、義理の精神に返そうと再建したのが朱子学である。

したがって、人間としての在り方を問われるリーダー、当時は「士大夫」、周代の支配階級であった「卿、大夫、士」の三階級から来ている呼び名で、宋代では知識階級をこの様に呼んだのだが、士大夫の必須の修身を説いて大いに支持された。

つまり、「修己治人」で、自分を修められて、初めて他人が治められる。その為の修練について説いており、精神基盤の強化に大いに役立った。

朱子学には、こうした一面がある。

しかし、もう一つの側面があるのだ。

それは、当時、儒教の衰退にともなって隆盛になって普及した「仏教」あるいは「道教」に対抗する為に、壮大な宇宙論的規模の世界観を構築したのだ。

別の言い方をすれば、この世界に存在する動物、植物、鉱物、一つ一つの物についての本質の究明を行い、その集体性であるこの世界やこの宇宙の意味を明らかにした。

その主張を具体的に言えば、まず「体用」ということを説く。

本体と作用ということだ。

この本体を「理」と言い、作用を「気」と言う。

天地の間に存在する物、更に事象は、全て気の集まりによって出来上がっている。

物質的原理を気としたのだ。人間も同様で、気の集合体と考えられる。したがって、
気の集合をもって生まれ、気の散逸をもって死とする。

その気の根拠、何故気の集合体が在るのかと言えば、そこにあるのが理だとしている。

朱子学では、したがって宇宙論にしろ人生論にしても全てが、この理と気によって説かれている。

これを「理気説」と言う。

宇宙も、根本の理、これを「太極」と言うが、これがあって、ここから生じるのが陰陽の気であり、これが形をつくっている。

宇宙万物生成の原理を言っているのだ。

このように朱子学には、宇宙生成と物の理を説くもう一面もある。

いわば朱子学は、人間の学と宇宙万物の物理の学とから出来ているのだ。

横井も象山も高名な朱子学者であるから、当然のこと、これ等の学説が全て体得されていた。

しかし、表れるところに若干の違いがあった。

横井は、人間の学の方を重視して朱子学を語っているが、象山は、物理の学の方に関心を持って論じているように思う。

したがって横井は「国家体制、政治体制」を重視し、特にリーダーの在り方について説いている。

象山は、この宇宙全体の成り立ちを理解し、万物各々の理というそのものの本質の探究に努力した。したがって、朱子学における合理的思考が身に付いていた。この教養が余すところなく発揮されて、西洋近代の科学技術の本質の探究に役立ったのである。

象山はしたがって、最後の最後まで、自己の朱子学で学んだ論理をもって、科学技術の本質を究明したわけだから、特別に新しい課題に取り組んでいるという感覚は無かったのではなかろうか。

ここが象山の凄いところである。

自分の習得した学説を、その根本を究めることによって、普遍的な尺度にまでしてしまい、西洋の近代合理主義科学さえも、その観点から理解し、熟達してしまう。そのものの本質をずばっと見て、見定めてしまう力、本質探究力とでも言うのか、横井も象山も共にこの能力を持っていた。

江戸期のわが国には、こうした本質探究力をもった人物が数多くいたことを、われわれは改めて、考えてみる必要があるように思う。どの様な教育や鍛錬によるものなのか。われわれ日本人の特性かもしれない。これを明確にすることによって、わが国の可能性はまだまだ広がると思えるからだ。

分けても象山は、その筆頭と言えるのではないだろうか。

ここも医学にしろ、技術にしろ、研究者にとっては不可欠の能力に思えるので、是非象山から学んでいきたい。

第二章

佐久間象山の一生

① もう一度本書の趣旨

いまわれわれは大きな転換期の真只中に居る。それも第四次産業革命という「技術主導型転換期」であることを思えば、いまから約百五十年前の同様の転換期に、わが国をリードして、日清、日露の戦いに勝利を収めるほどの、科学技術においては先進国であった西洋諸国に肩を並べるほどの国にした。その大元を担《にな》った佐久間象山に、改めて学ぶことは、ひどく当然のことであり、最も必要なことである。

以上が本書の趣旨である。

明治期の大転換期においては、新国家の構想係として打って付けの人物として登場するのが横井小楠と佐久間象山である。

しかし、二人とも新政府誕生以前と直後に斬られてしまい、残念極まりないことに、現実にはその任に当たれなかった。

そこで「もし彼等があと十年十五年生きていて、その任に当たり腕を振るってくれていたら」という想定のもと、彼等の構想を明らかにし、その指導を受け学ぼうということである。

二人は同じ構想係であったが、自ずと役割が違う。

横井は国家及び政治の体制についての深い思考を巡らせていた。象山は科学技術、産業革命についての熟達者であった。

②象山に学ぶ前提として

二人に共通して、現代のわれわれから見て、ここは到底及ばないと思わせる点は、ただ一つ、「思考の深さ」である。

したがって、われわれが彼等からの学びを正当に受ける為には、少なくともこの「思考の深さ」の何たるかをよく理解しおくことがとても重要だと思われる。

まず、彼等のこの深い思考は何処《どこ》から来たものなのか。

私に、思い当たる節がある。

それは、漢籍の指導を受けようとある師を訪れた時、師の出した条件がある。それは「一年かかって〝東洋的視点〟を身に付けてくること」というものであった。

それは、「根源的・長期的・多様性」をもって成り立っている。したがって、まず根源的にものを見る力を身に付けること。その為に今日から、何を見てもその根源を問うこと。根源とは何かと言って生きなさい。そのうち誰かが、「あなたは随分根本的にものを見ているんですね」などと言って下さったら、根源的視点が身に付いたとして、次の「長期的」に移ってよろしいということであった。

当然私は、何としても学びたかったので、言われた通りにして約一年過ごしたものだ。

身に付けて思ったことは、根源的と長期的（歴史的）という二点は、同時に思考が展開することである。根源的は「深い思考」、長期的は「広い思考」で、つまり同時に「深くて広い思考」へと向かうようになる。すると三番目の多様性は、自然に得られるのだ。

最初にこれを言われた時には、随分非科学的なことを言うものだとの思いもあった。学びたい一心で、身に付けてみると、こんな凄い思考法は無いと感心するようになった。

同時に、この世には、「身体的思考」と呼ぶべきものがあるものだ。思考は頭で行うものとばかり思っていたが、身体全体で行うべきものなのだと思えた。

そしてその時、江戸期の凄さを垣間見る思いがした。

江戸の人々は、こうした「身体的思考」が当たり前であったのではないか。だから「予知、予見」に優れていたんだと思った。

東洋思想の目指すところに「見えないものを見る」というものがある。

東洋思想の主体は、「見えない部分にある」ものばかりなのだ。西洋近代科学は、見えないものなどは非科学的と一言で片付けてしまう。しかし、この世の主流は、皆見えないものである。

「神は見えるか。仏は見えるか」

彼等はそうした中で自分をつくってきた人達なのだということを忘れてはならない。

江戸期の人々は、生まれてから学ぶものは全て儒教や老荘思想や仏教、そして神道から出た情報か、そのものであった。

言ってみれば、いわば「見えないものを見よう」とする学習の明け暮れであったのだろう。

そう考えれば、象山や横井の深い思考や思慮の深さは納得がいくのである。

③ 偉人の人生の見方

象山はどのようにして象山になったのか、その「学びの歩み」つまりその一生を見ることにしよう。

私はこうした偉人の人生を振り返る時の最良の理解の方法は、「まるごと掴む」ことにあるとしている。

折角われわれは、後人として生まれたお陰でその人物の一生を全てまるごと見ることが出来るのである。まるごと掴むという表現が当を得てなければ、その人の人生の節目を掴むと言ってもよいだろう。

その人物の人生に対する向かい方、生き方、運が強いのか、どうか。それがどの様に人生を左右しているのか、などが一目瞭然になるのだ。

そうして見たらその次に、「幼少期」「元服まで」などブロックごとに見ていく。人格形成や専門領域形成の上で外せない要点を見ていくのだ。

その上でもう一つ、幕末史の流れを重ねて見る。時代との関係がよく見えてくる。

（図６）

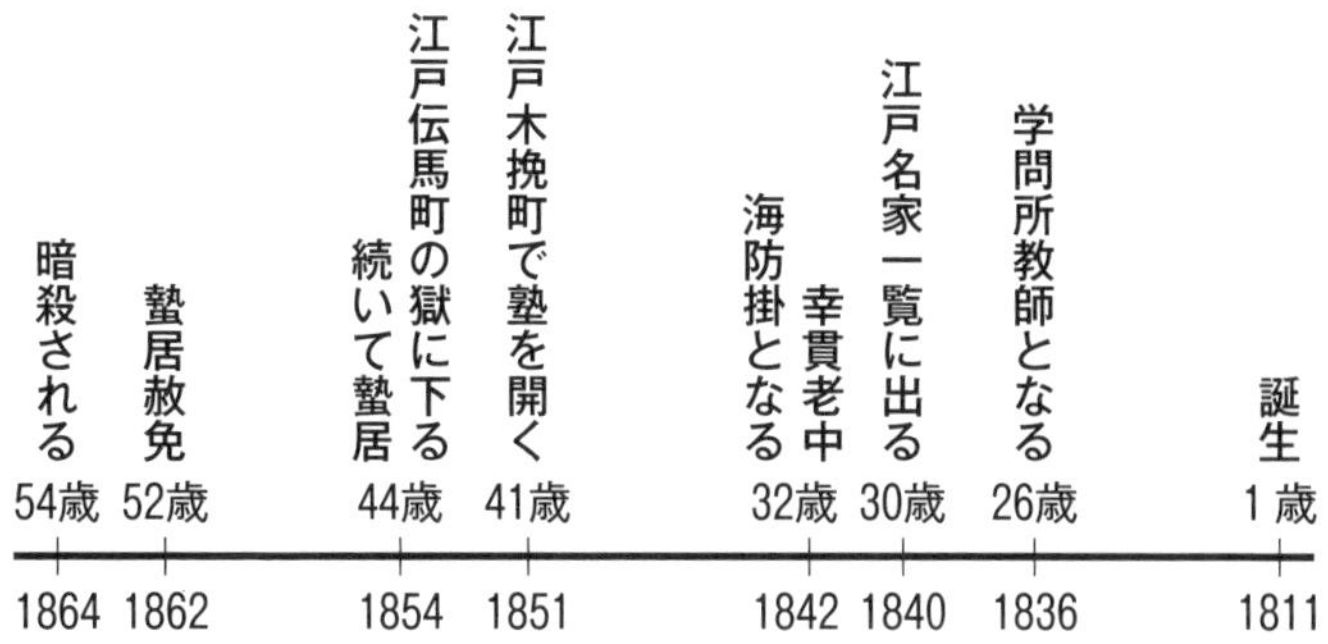

以上三点から象山の一生を見てみよう。

④　一生をまるごと掴む

象山の一生をまるごと掴むと上の様になる。（図6参照）

生まれてから二十六歳までが修業時代。二十六歳で松代藩学問所の教師となるまでである。

それから四年後、三十歳で江戸名家一覧に出る。神田阿玉ヶ池に開いた「象山書院」をもって、学者として「江戸名家一覧」に出たということは、江戸でも高名な学者として認められたということだろう。儒者、朱子学者として到達すべきところに至ったということである。

ところが、それから二年後の三十二歳の時に、人生が引っ繰り返るような事になる。藩主の真田幸貫《ゆきつら》が老中になって、しかも海防掛《がかり》に就任する。そして象山を顧問にする。

そこで象山が幸貫の為に献策をしたのが「海防八策」である。

ここで止まらないのが象山の凄さであろう。

学者として名実ともに成功した。そこまでになるのも、そう容易《たやす》いことではなかった。とすれば、朱子学者としての名声に安住しても不思議ではない。

しかし象山はそうしたもの一切を捨て去って一書生に戻り、江川担庵太郎左衛門の大砲塾へ入門するのである。

海防八策で提案したことを、自分で体験しようと思ったのかもしれない。大砲を撃ったこともない、作ったことはもっとない、というのでは、真の献策は出来ない。実際にこの手でやってみて初めて本物、真のところが解るのだ、という象山の実証主義がむくむくと頭をもたげてきたのである。

しかも更に、語学の精通が必須であること（この場合は蘭語であるが）を痛感して、語学習得を一から始めるのだ。

時に象山三十四歳。

人生五十年時代の三十四歳と言えば、もはや晩年に入るところである。そこから始めて、七年後の四十一歳で江戸木挽町に砲術と経書の塾を開くのである。わが国でも有数の蘭学・砲術塾となる。

その後は各所で大砲の試射などをし、更に西洋流の軍事学を究めていく。ペリー来航では、かつて自分の懸念した通りになるのだから、海防八策が実施されていればという思いがあったであろうし、また、見通しの確かさを誇る気持ちもあったであろう。

その後吉田松陰の密航事件に連座して、獄につながれるのが44歳。その後蟄居《ちっきょ》。赦免になった五十二歳の二年後、五十四歳にして暗殺されてしまう。

大掴みで見ればこの通りで、したがって象山の人生は二度生きたと言ってよい。一度目は生まれてから修業を経て、三十歳でわが国有数の朱子学者となった。二度目は三十四歳、蘭語習得を一から始めて、四十一歳にして、これもわが国有数の蘭学の大家になったのである。

（図7）

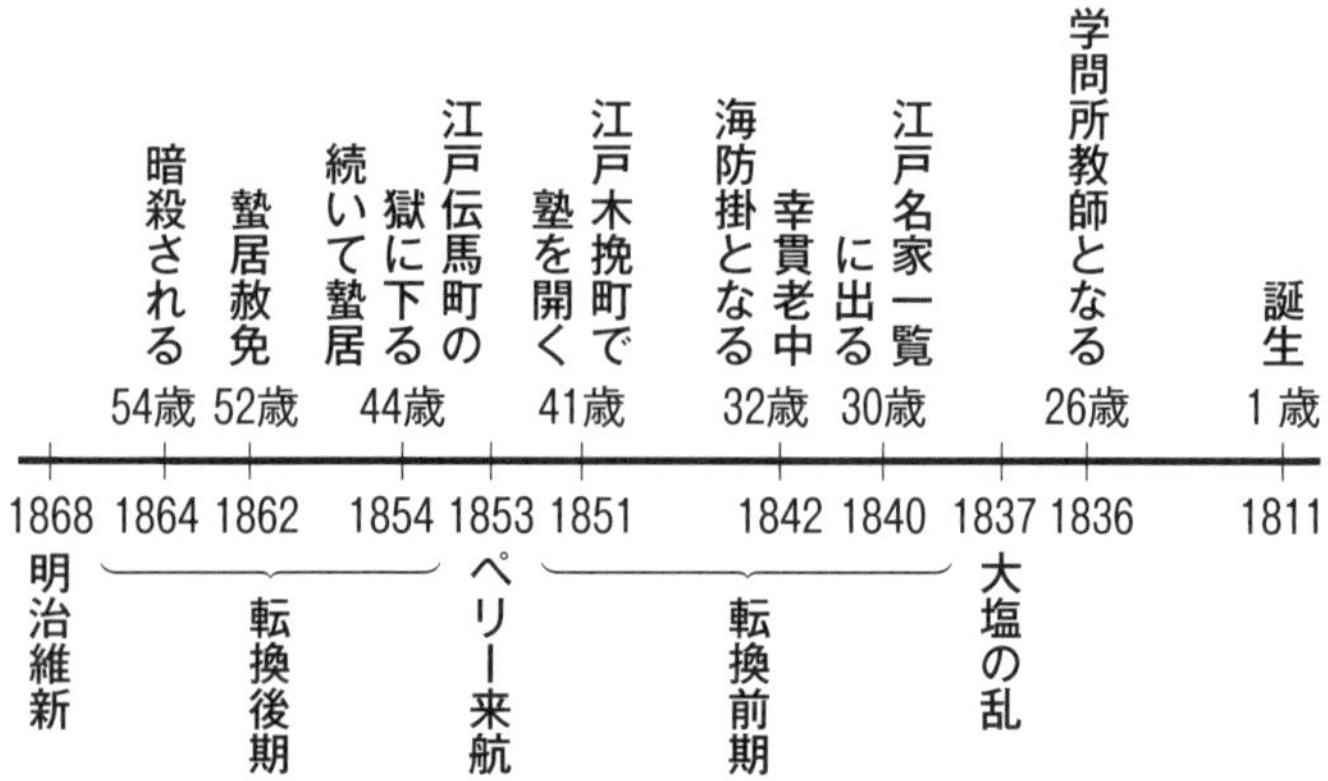

⑤ 幕末史を重ねて見る

以上の象山の人生と、幕末の転換との関係はどうなっているのか、見てみよう。（図7を参照）

私の自論であるが、国家体制級の転換には三十年は必要である。

明治維新、明治元年（一八六八）の三十年前と言えば、何と言っても天保八年（一八三七）の「大塩平八郎の乱」である

大塩は、大坂町奉行所の与力であった人物であるから、いま流に言えば、警察官僚の長である。ということは、国家権力の象徴とも言うべき人間である。

そういう体制の内で体制を守ることを任務と

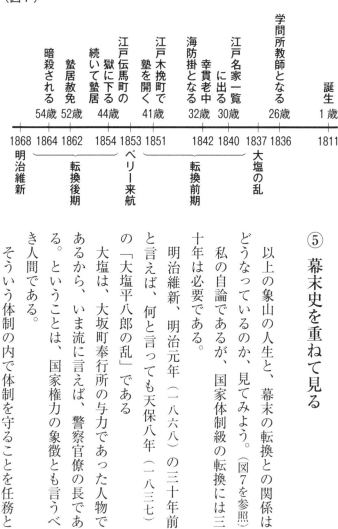

していた人間が、幕府に対して大砲をぶっ発すという行為に出た。

言わば権力機構の中からの反乱である。ということは、時の権力である幕府体制が如何に健全に機能していなかったかを物語っているわけで、私は、幕末・維新の転換は、この年から始まったと言っている。

これが天保八年（一八三七）で、明治元年（一八六八）の明治維新まで、約三十年かけて転換が行われたのである。

その三十年を、ペリー来航の一八五三年を真ん中にして、「転換前期」の十五年と「転換後期」の十五年とに分けて見ることにしている。

「前期」は、社会的風潮が「改革を要求していく」期間であり、「後期」は、「改革が目に見えて進行する」期間である。

以上の歴史の流れを、先の象山の人生の流れに重ねてみよう。

私の言う「転換前期」において象山は、あたかも運命的にペリー来航に備えるのが自分の任務とばかり、西洋流の軍事万般に対する見識を構築するのに、急な努力を行ったことがよく解る。

もし象山が、ここまでのレベルで西洋式の武器、例えば大砲の能力を、正確度つまり命中度や射程距離までをも見ただけで予測出来るほどの知識に至っていなかったら、幕府の対応も明治の近代化も惨憺たるものに終わっていただろう。

幕末期の幕閣には、川路聖謨《としあきら》や勝海舟など象山の教えや指導や忠告を受けた人が多かったのが、せめてもの救いとなった。

ペリー来航後の象山は、弟子の吉田松陰の密航事件に連座して、その殆んどが蟄居の身であったところに特長がある。

蟄居を解かれたのが五十二歳で、その二年後五十四歳で暗殺され、象山の一生は終わってしまうのである。

1 前半生・如何に基礎をつくったか

① 誕生から三十歳までを見る

象山の人生を見ると、前半生で普通の人の一生分を生きたわけだから、ここは注意深く見る必要がある。〝普通の一生分〟と言ったのは、三十歳にして朱子学者として一応申し分ない社会的評価を得たわけで、通常はその地位を保って終わりを迎えることになるという意味だ。後半生の砲術家、西洋科学者も前半生が前提になっているので、その要点をしっかり見よう。

象山は、一八一一年（文化八年）二月十一日に生まれた、という説と、いや二月二十八日に生まれたと、二つの説がある。

これだけの人物で、誕生日に二つの説があること自体、珍しい。

いやもっとも、名前の呼び方からして、「しょうざん説」と「ぞうざん説」と二つあるのだ。

いわゆる普通の人とひどく遊離した「天翔《あまが》ける竜」と言った感があるその人物像そのままに、こうした謎めいた部分があるのも、象山らしいと言えば象山らしい。

武田信玄が築いた海津城、信州松代藩十万石の城下町として栄えた松代の浦町（現在の長野市松代町有楽町《うら》）で生まれた。

父は「一学」と称し、実名国善　字《あざな》子祥、淡水、号を神渓、五両五人扶持《ぶち》、つまり五人の武士を部下にもつ約三十石どりの家臣であった。決して身分は高くはないが、藩の側右筆兼表右筆《ゆうひつ》の組頭を務めていた。

いまの様にパソコンも無い時代であったから、当然のことに藩から出される公的文書は全て毛筆で認《したた》められていたわけで、そうなると達文達筆の度合いが問われることになる。いわば出す方の面子にかかわることになり、和漢の学に精通しているなどそれなりの教養人が担当するのが通例であったのが「右筆」だ。

一方剣術では、塚原卜伝の創始した鹿島新当流、俗に言う卜伝流の達人として、道場を開いて門人を指導していた。

いわば、文武両道に長けた人物と言える。

もう一つ象山にとってとても重要なのが、父一学の血筋である。

一学はそもそも松代藩士長谷川千助の次男であり、佐久間彦兵国正の養子になったのである。一学の実父長谷川千助は、同藩士の斎藤仁右衛門の次男であるから、一学は斎藤家の血筋となる。この斎藤家の祖は、上杉謙信の二十四将と謳《うた》われた武将の一人、斎藤下野守《しもつけのかみ》昌信である。

象山は、この戦国武将の血筋であることを何かにつけて誇りとしている。文武両道の名将斎藤下野守の七代の孫であるということが、生きるバックボーンとして、大いに力を与えたのであろう。

後に触れるが、この父一学の様々な影響が象山の人格形成に、計り知れない益をもたらしていると思われる。

母「まん」は足軽の女《むすめ》であり、妾として迎え入れられた人である。

時に一学五十歳、満《まん》三十一歳であった。

その誕生には、逸話が残されている。

その朝のこと、誕生を祝うかのように、明《あけ》の明星（つまり東の空に見える金星のことだ）が光り輝いていたというのだ。

「詩経」に「東に啓明あり」の言葉がある。

一学は、待ちにまった男子の誕生でもあり、この光景がこの子の将来を約束したものと思い「啓之助」と名づけた。

象山は一生の間に実名や通称様々な名前を持った。

実名は、国忠、啓《ひらき》、大星。

字《あざな》は、子迪、子明。

通称は、二十八歳から修理で、これが最も知られた呼び名ではなかろうか。

象山と言う号は、二十六歳からである。

実名、通称の多くは自分の誕生時の逸話「明の明星」に因み、「東に啓明あり」に関連している。ということは、象山にとって、この逸話は、単なるエピソードで終わらない。自己人生の伴走者として、時には励まし、奮起を促す存在であったのではないかと考えられる。

冷徹な科学者としての奥底に、迷信で終わらせない、信念の根っ子とも言うべき、自己を説得してしまうだけの運命論者的側面があることは、真の象山を理解する為にも、見逃せないところである。

こうした自己の理解は、年々育ち強まって、象山の代表的著作である「省諐録《せいけんろく》」には次のように記するに至った。

『人の知るに及ばざるところにして、我独りこれを知り、人の能《よ》くするに及ばざるところにして、我独りこれを能くするは、これまた天の寵《ちょう》を荷《にな》ふなり。天の寵を荷ふことかくのごとくにして、しかもただ一身の為にのみ計《はか》り、天下の為に計らざれば、すなはちその夫に負《そむ》くこと、あにまた大ならずや。』

「多くの人の知ることにならない、わたし独りが知ることとなったり、人がよくすることが出来ないが、わたし独りがよく出来るということは、それこそが、天の寵愛、天から特別の期待と使命を受けていることである。天から受けているこの様な愛情を自分の為のみに使ってしまって、天下の為に使わなければ、天に背くこと大であろう。」

確かに自分は「天の寵を荷っている」との確信となっているのである。象山の異常とまで言える頑張りの裏には、このような自己を信じて止まない信念があったのである。

② 時代背景

象山が生まれた文化八年（一八一一）は、江戸時代の歴史区分から言えば、「文化文政期」（一八〇四〜一八三〇年）略して「化政期」という時代になる。

田沼意次（一七一九〜一七八八）の政治は、それまでの農業依存から商業重視の重商主義への転換が要点であるが、緊縮財政を捨て、商人資本を活用して、干拓事業や長崎貿易などの積極的推進を行い、一時は隆盛を極めた。しかし賄賂政治の往行や天明の大飢饉などにより、百姓一揆や打ちこわしが頻発して失脚するのである。

その田沼政治の批判者として登場したのが松平定信（一七五八〜一八二九）である。農本主義に立った寛政の改革を進めた。田沼時代のインフレを収め、質素倹約と風紀取り締まりを行い、保守的で安定した世の中を目指した。

その松平定信が辞任した後が、「文化文政期」で、十一代将軍徳川家斉《いえなり》（一七七三〜一八四一）の政治の時代となる。

最初は定信の質素倹約の政策がそのまま続いたが、幕府財政が潤ってくると、綱紀紊乱士風の退廃に陥って、財政は悪化。

したがって前半は江戸文化の黄金期と謳われたような文化が華開いた時期であったが、後半は様々な弊害が続発し、結局これが幕末の混乱期の始まりと言われる。

化政文化の特長は、町民文化と言われて、江戸町民が楽しんだことによって始められた寄席や歌舞伎、葛飾北斎の富嶽三十六景や歌川広重の東海道五十三次といった版画、十返舎一九の東海道中膝栗毛や曲亭馬琴の南総里見八犬伝などの文学も、町民の暮らし振りが一段と良くなったことにより、文化を楽しむ時間と費用が出されるようになったことを示している。

一部の武士だけでなく、町民文化として広く大衆の支持を得たことにより、江戸の文化も強固な基盤を持つことになった。

同時に町民も知識情報に目覚め、いわゆるライフスタイルの転換が起き始める。そして、その江戸の文化が地方にも普及していくのが、この化政期である。

一つの典型例を紹介しよう。

男谷燕斎《おたにえんさい》（彦四郎）という人がいる。

この人の後を継いだのが男谷精一郎信友で江戸時代きっての剣豪として有名である。

その精一郎の息子が鐵太郎。この人は精一郎の存命中に亡くなってしまうのだが、その長女の末娘が、実は著者の祖母なのである。

燕斎（彦四郎）の弟が勝小吉で、その息子が勝海舟で、その妹が象山夫人となった順子である。

この燕斎が、文化十一年（一八一四）一月から文政四年（一八二一）六月まで八年間、象山の松代の隣りにあった幕府領、中之条（現坂城町）の代官を務めたのである。象山は文化八年（一八一一）の生まれであるから、象山にとっては三歳から十一歳までとなる。

燕斎は大学頭林述斎に引き立てられた人であるから、江戸の学問の中枢の空気を吸収した人物と言える。中には当然悪代官もいたであろうが、この人は幸い名代官として土地の人々に慕われた。こういう代官が赴任するということは、江戸の文化を直接地方に広める効果もあったと思える。時まさに「化政文化」の隆盛期でもあった。

③ その性格

象山は、どの様な性格の持ち主であったのだろう。

どの伝記、資料を読んでも全てに共通して書いてあるのが、次の言葉である。

「傲岸不遜」

思い上がって人を見下し、自分を控えめにすることのないさま。

「狷介《けんかい》・不羈《ふき》」

固く自分の意思をまもって人と妥協しないことが狷介。

才識すぐれて常規で律しがたいことが不羈。

まず、そもそものその人の持つ「天性天分」と言うものがある。

これを知るには、幼年期の逸話をよく調べてみるに限るわけだが、後で述べるように、象山の幼年期を見て特別強く感じることを象徴的に言葉にすると、次の言葉が浮かんでくる。

「選良」

通常は、「エリート」の訳として用いられたり、選挙によって選び出された代議士のことに用いられたりする。

象山の場合は、少々その意味合いは異なる。

父母の期待の大きさがある。

そこへ比較的頭脳明晰な男児が生まれた。

父母はその期待の裏付けとして、特別な人間という肩書きを与え、本人にもそれを充分に自覚させようと努めた。

特別な人間として生まれてきたという逸話がある。

成長の節々で、通常の童児では有り得ない頭脳の高さ、持って生まれた特性の凄さを表す逸話を与えていく。

それに応じるかのように賞賛すべき事例が次々と加算されていく。

周囲も勿論のこと、何よりも本人が、自分は特別の力を持った人間なのだと確信するようになる。

そして成長し、大人になっていく。

こうしてみれば、どうしたって「傲岸不遜」な性格をもって「狷介・不羈」な人間になっていくのではなかろうか。

そして重要なのが、そうした人間だからこそ可能になる領域があるということである。

少々の頭の良さや揺れぬ信念を保持しているぐらいでは、とても成し遂げることの出来ない大仕事というものがあるのだ。

このことをよく表しているのが、師となった佐藤一斎の象山観である。

これは象山の「人の意見は入れぬ、人に譲らぬという驕泰の気性」を心配した郷里での師鎌原桐山《かんばらとうざん》が、江戸の師である一斎に、「そこを改めてやってほしい」と依頼したことへの返事である。

「決して心配召さるな。たとえて申さば修理（象山）は良医である。従って薬の盛《も》りようは充分に心得ているのであろう。剛慢不屈は修理の長所であるから、満更棄てたものではない。」

日本の各地から続々とやって来る〝天下の秀才〟を指導している一斎から見れば、「剛慢不屈は修理の長所」と言うべきものなのである。

したがって人間の評価は難しいもので、その人がどの様な役割りを負った人物かによって、世間一般に言われる評価も、大いに変わってくることを表している。

そしてもう一点、こうした子弟教育は、「佐久間一学家」の特長かもしれないということである。

象山には一人、姉がいる。

三歳年上の姉「けい」である。

一つの逸話が残されている。

十九歳で藩医北山林翁に嫁いだが、二十九歳の時死別してしまう。

松代藩では、当主が亡くなると給禄は半減されてしまう。姉は怒って、これでは遺児の教育すら充分に出来ない。立派な人間を育てられないのでは不忠になる。以前の扶持を下すべきである。規定があるなら、それを変えるべきだと主張した。確かな返答が藩から来ない。

それではと彼女は江戸へ出て藩主に訴え出ると言い出した。さすがの象山もこれには驚いて、必死になって止めたというのである。

この姉にしてこの弟ありとすれば不屈の精神は佐久間家の家風かもしれない。

④ 幼少時代

外せない逸話が三つある。

一つ一つ象山に及ぼした影響を見ていこう。

父の一学は、経学に熟達していたと言われている。

経学とは、「易経」「書経」「詩経」「春秋」「礼記」の五経である。この五経の研究を「経学」と言うが、当時の大方の武士は当然のこと、四書五経については、三歳ぐらいから「素読」を始め、六歳で藩校、寺子屋に入学して、四書の意義について学び、続いて「五経」へと入ったものであるから、当然経学を修めていた。

五経の中でも、各々の好みがあり、一学は取り分け「易経」を好んで、常に手元に置き、いわゆる座右の書とし、筮竹《ぜいちく》を常に傍《かたわ》らに置いて「卦」の研究に熱心であった。

先述したように、「化政期」は文化の隆盛期であり、全国津々浦々にまで江戸の文化が、学者、俳人、僧侶、画家などの文化人の旅によって広まった時代で、信州松代と言えば文化を誇る城下町であったから、こうした人の往来も盛んであった。

大きな富豪の家の務めとして、こうした江戸からの文化人を何日も自家に宿泊させて、時折近郷近在から人が集まって「講習会」などが開かれた。

江戸期文化の裏にある凄さと言えば文化人のネットワークであろう。例えば俳諧のネットワークなどが隆盛を極めており、旅へ出ればだいたいこうした同好の士の家を宿にしたものであり、句会が開かれ、中央の文化が的確に地方に伝えられることになる。

したがって一学も、江戸から儒学者が来れば、「易経講義」を受けるなどして、知見を高めていった。

したがって、日常的に「易経」の卦を唱えることになり、象山はそうした環境の中で育つことになる。

その結果、既に二、三歳にして、六十四卦を間違いなく覚え、これを誦することが出来たという。

素読も同様であるが、こうして幼年期に修めた記憶は、必ず後年蘇る。その時にしっかりした知見に育てるのである。

象山も十七歳の時に、易経に読み耽った。

後年、象山の人生で最も華やかであった時、つまり脂の乗った時期、江戸の木挽町に「砲術蘭学塾」を開き、全国からその後の維新と明治を背負う俊英が多数参学したその時に、象山の学問の象徴とも言うべき名著「礮卦《ほうのけ》」を発表するのだが、そうした後年の成果から思えば、象山と易経とはその人生にとって切っても切れぬ縁があると言えよう。

易経は、広大無辺の天地の間に住む人との「天地人」の関係を通して、この宇宙のメカニズムの根幹を明らかにした書物であり、象山が大きな人物に育つ為には、父一学の影響と共に、大きな役割を果たしたのではなかろうか。

以上が一つ目の逸話である。

⑤ 二つ目の逸話

三歳の時のこと。

乳母に背負われて禅寺に参詣して、門前の立札にあった「禁葷酒《くんしゅう》」の文字をじっと見ては、しきりに乳母の背中にそれを書いている。

家へ帰ってそれを聞いた一学が、筆と紙を与えたところ、その紙に墨痕鮮やかに「禁」という字を書いたというのだ。

自藩の中でも達筆で高名であった一学も、わが子の筆蹟を見て、大いに感心し、跡継ぎが出来たと喜んだ。

偉人にはそれぞれ幼少期に神童と言われていたことを証明するようなエピソードが幾つか残されているものだが、漢字に対する特別な感覚、それを書いて特別の芸術にまで発展させた書道の伝統を、この様に表現したものは珍しい。

もう一つ。

象山九歳の時のこと。

河原に遊びに行った時のこと。多くの石の中から一つを選んで家に持って帰った。その石を見た一学が、真ん中が窪んだ形の石で、硯石であることを言って、墨をすってみせた。

これは、中国の宋の時代の詩文書画家として高名な蘇東坡《そとうば》（蘇軾《そしょく》）にも同様の逸話があることもあって、一学は、その将来を大いに楽しみにしたという話だ。

以上の逸話を考えてみると、まず幾つかの共通点があることに気付く。

全て父一学の得意とする分野の話ばかりである。

易の六十四卦の話、禁の字を書いた話、硯石に恵まれた話、どれもが一学の志向したものなのである。

ということは、父の期待が如何に大きかったかということ。先天的にも、その期待の人物像の必須の能力を既に充分に持っていたことを表しているのである。

私はふと能の大家にして、日本文化の集大成者である観阿弥と世阿弥父子を思い出すのである。

父観阿弥の最大の期待は、土臭い田楽能の田舎芝居一座から抜け出すこと。その先の目標とすれば、都に出て公家を観客にして演能すること。究極は、将軍に贔屓《ひいき》になってもらい支援を受けることであった。その為には生まれながらに高貴な体質、つまり公家としての生まれながらの高貴性を先天的に持った子が生まれてほしい。そして育つ過程で公家の教養、連歌や蹴鞠《けまり》の才能を持ってほしいと強く望んでいた。その期待通りの世阿弥が生まれ、育って、観阿弥、世阿弥の二代にして父の夢を全て見事に叶えてしまうのである。

父の強い願望や念願は、息子に乗り移って生まれてくるということもあるのかと思わざるを得ない。

そうした点、象山の人格形成に父一学の力や影響は大いに発揮されていると言えよう。

その父一学は象山二十二歳の時、亡くなるわけだが、象山が藩主の推挽《すいばん》を受けて世子の近習役となるが、父の容態が悪くなったのでその看病をしたいと、役目を辞退した翌年のことである。したがって父一学も象山の一応の成長を見届けて満足であったことだろう。

象山にしてみれば、父子の特別の関係と言える、より強い絆に支えられてきた二十二年間であったから、感慨も一入《ひとしお》のものがあったことだろう。

となると、象山が父の立場になった時には、今度は子に対する期待を持つことになる。

自分が父から期待されたように、自分も子に期待し、指導したい。

そうか、と解ることがある。

「自分は子胤《こだね》に恵まれないで弱っているから、子供の出来る婦人を一人妾に世話をしてくれぬか」と言って、二、三人に依頼しているのも、象山にとってはとても重要なことであったのだろう。

そうした後継者に対する望みがやがて、弟子達に向けられていくのではなかったか。

例えば、吉田松陰だ。

他人とも思えぬ深い情愛の交流があったように思える。

松陰が密航を企てた時が二十四歳。

時に象山が四十三歳。年齢差は十九歳である。

親子の関係と言ってもよいだろう。

特に松陰は最後の最後、遺言と言うべきものを高杉晋作に持たせて象山を訪ねさせている。

そこには何とあったのか。

「この者（高杉）はなかなか優れたところのある者です。私に語ることがあれば、この者に語って下さいませんか。先生教えを垂れて下さい。」

として、教えの内容を次の三点挙げ、依頼している。

一、幕府・諸侯何《いず》れの処をか恃《たの》むべきか。

一、神州（日本）の恢復は何れの処にか手を下さんか。

一、丈夫（志士）の死に処は何れの処が最も当たれるか。

（1）今後頼みにするべき藩や人。

（2）日本の復興はどこから行うのがいいのか。

（3）立派な人間としての死に場所はどこか。究極の三点と言えよう。

松陰のこのような最後の頼りとする姿勢は、この世で唯一無二の存在である父親に対するそれのように私には思える。

⑥ 三つ目の逸話

象山十三歳の時のこと。

ある時、道で家老の息子と行き交《か》った。

身分制度からすれば、象山の方から挨拶すべきだ。それを見知らぬ様で行き過ぎようとしたところ、家老の息子が呼び止めて、「何で挨拶をしない」と咎《とが》めたのだ。

象山は「私は、狐《きつね》のような人間には挨拶をしないのだ」と答えた。

「何が狐だ」

「虎の威を借《か》る狐と言うだろう。親の威を借りているから、君は狐だ。これが道理だ」

それを聞いた家老の息子の引き連れていた子どもたちが、一斉に襲いかかり、殴る蹴るのありさまになった。

子どもであろうと身分は身分と、家老の家が佐久間家へ抗議をしてきたので父の知るところとなった。

父に正されても頑として承服しない象山に父は次の様に言った。

「人に道理を説くほどの人間になったのか」

父は三年の謹慎を命じ、象山も三年間学びに励んだ。この時に人間としての基礎をつくったと言われている。

もう一つ十五歳の時に次の逸話がある。

藩主真田幸貫公は、象山が十三歳の時に松代藩の藩主に就任した。

幸貫公ほど象山の長所も短所もよく知って、その上でも象山の能力を買った上司はいない。

「修理は随分疵の多い男であるが、しかし天下の英雄だ」

という象山評が幸貫公の口癖であったが、深いところで理解していなければ、なかなか吐けない人物評である。

この藩主あって、初めて象山はその持ち味を遺憾なく発揮できたのである。

そもそも幸貫公は、先述したように老中首座として田沼意次の後を受けて寛政の改革を断行した松平定信の二男である。定信といえば、人格高潔にして和歌絵画に長じる風流人であり、隠居して号した楽翁をもって奥州白河の藩主であったこともありえるのだ。

「白河楽翁」と呼ばれ親しまれた。

その名門から藩主を迎えられたのも、松代の人々、分けても象山の運の強さとも言

そうした家柄から伝わる儒学や国学、文や詩歌の嗜《たしな》みも高く、名君と言われた人物である。象山と幸貫公、その二人の関係の初期を飾る逸話である。

幸貫公は、俗に言う育ちの良さもあって、ものにいちいち拘《こだわ》らない明朗快活な性格の人であったから、よく供侍を二、三人連れて町へ出掛けられたのである。

ある日、一学の剣術道場へやって来て、ひそかに中を覗いていたところ、象山（啓之助）の太刀筋が実に優れているのを痛感し、声を掛けた。

太刀筋を誉めるとともに、「何か望みはないか」と問われた。

象山は日頃から思っていたから、この時とばかり申し上げた。

自分の母は、身分は父上の召遣いということになっており、私は母を呼び捨てにしなければなりません。これは子として誠に心苦しいので、何とか正式に母と呼べるようにして戴きたいと申し出たのだ。

象山の母は先述した通り、足軽の女であるから一学とは身分違いで正式に妻とする

ことが出来ない。

藩のきまりではその様であろうと、父であり母であることは確かで、父と母とでは呼び方が異なるとは、おかしい限りと象山はいつも考えていた。

その後数日が経ってお城から、「象山の母に目通りを許す」と言ってきた。

もとより母にはお目見えの資格はない。驚いた一学が何度も辞退をしたが、幸貫はいつも「苦しうない。罷り出でよ」と言ってくる。

一学も、殿の配慮が身に染みて思われた。

母はお城に上り、殿と目通りをしたのである。

幸貫公は象山の母を思う心にうたれ、常識では考えられぬ処置を断行したのである。

藩主にお目見えを許されて、母は士分になって正式に一学の妻となり、象山が「母上」と呼べる立場となったのである。

象山の父を敬い、母を慕う心の凄さを明瞭に表した話である。

傲岸不遜と言われ、人を人とも思わぬような尊大な人間のように見られがちの象山であるが、その心の内にはこのような人間性溢れる心情がたっぷりとあることを知るのである。

大いなる矛盾と言えるのではなかろうか。

いいや、常人とは人間としてのスケールが違うから、何ごとも破格に表れることにより、どちらもが正解なのであろう。これから象山と真正面から向き合う折にも、この大いなる矛盾については、承知しておこう。

⑦ 修業の時代

最初に師としたのは、父一学であったろう。一学の子に対する熱い思いからして、疑えぬところである。

しかし当然藩の中での教育というものがある。藩には各々儒者が居たから、そうした人の門に入ったと思われる。

判明している藩儒としては、竹内錫命《たけのうちしゃくめい》である。経学、詩文を志し、易経も修め、易経に精通する基礎をつくったと思われる。

16歳からは、鎌原桐山《かんばらとうざん》の門に入った。

象山にとって師と言えば、桐山であろう。

桐山は、学にも優れていたが、人格も高く藩内第一の人物として認められていた。象山は十六歳から二十三歳で江戸へ遊学するまで八年間指導を受けた。象山が三十歳にして、江戸でも高名な儒学者にまで成長出来たのも桐山の教えの筋が良かったからであろう。

象山はまた同時に、藩士の町田源左衛門《まちだげんざえもん》と宮本市兵衛正武《みやもといちべえまさたけ》について会田流の和算を学んだ。象山はこの時から常々次のことを言う。

『詳証術《しょうしょうじゅつ》は万学の基本なり。泰西《たいせい》この術を発明し、兵略もまた大いに進む。敻然《けいぜん》として往時と別なり。いわゆる下学《かがく》して上達するなり。孫子の兵法に度《ど》・量《りょう》・数《すう》・称《しょう》・勝《しょう》といえるも、またその術なり。しかれども、漢と我とは、孫子ありて以来、誦習して講説せざることなくして、その兵法は依然として旧のごとし。泰西と比肩することを得ず。これ他なし、下学の功なきに坐するなり。今まことに武備を脩飭《しゅうちょく》せんと欲せば、先ずこの学科を興すにあらずんば、不可なり。』

「詳証術（数学のこと）はすべての学問の基本である。欧州は数学を発明して、戦略も大いに進んだ。昔とは全く違う。孫子の兵法にも度（もの差しではかること）、量（枡《ます》ではかること）、数（かぞえてはかること）、称（計りで軽重をはかること）、勝（勝をはかること）というのも、数学である。しかし、中国もわが国も孫子があったので、これを学ぶことや普及することを言ってきたが、軍事学が旧態依然の状態で、欧州と比べることが出来ない。

これは、その基本とする数学の実施が足りないからだ。いま軍事力を整えようと思うのであれば、先ずこの数学を盛んにしなければならない。」


この数学への目覚めこそ、この和算の習得にあったのだろう。


更に藩の馬役竹村七左衛門に馬術を、水練を河野左盛に習った。

また十八歳の時に、上田に通って活文という学僧に中国語を習い、また琴も学んだという。

象山のこの知識欲、学習意欲は凄まじいものがあるが、後年役立たなかったものは一つもないところをみると、この十六歳から二十三歳までの八年間の修学期間が、象山をつくったと言ってもよいだろう。

⑧ 江戸時代の「人間の基礎づくり」に学ぶ

象山の猛烈な学びの精神は、どこからきているのだろう。

今日〝子育て、養育〟に悩む親の多いことを思えば、この辺りで象山を育てた教育の真髄を学んでおくのも良いことであろう。

江戸の子弟教育の根本にある理念は、次の言葉に依る。

「君子は始を慎む。差《たが》うこと、もし毫釐《ごうり》なれば、繆《あやま》るに千里を以てす。」

ものごとは何によらず最初が肝心である。

何しろ教育にとって、幼年教育ほど重要なものはない。ここで誤ると、その誤りは成長と共に大きくなり、成年期には千里の差となってしまう、という考え方が一般的であった。

ということは、人間は「土台」がしっかりしているかどうかに、掛かっているのだ。

土台を後廻しにして、二階や三階から先に造ることはない。

つまり幼年教育こそが、土台づくりなのである。

人間にとっての土台こそ二つある。

一つは先述した「規範の形成」である。

現代の何事もタテ割りに考える時代と違って、東洋的思考は、人間の基本を第一義に考えるものである。したがって、何事にも通じて卓越するものとなる。

例えばこの「規範」であるが、この規範が形成されると、勿論、判断基準、行動基準の基準が出来るわけだから、正しい判断や行動が出来るようになる。仁・義・礼・智・信に基づく判断や行動が出来ることになる。現代的に言えば、「人間性と社会性」に基づく判断や行動を「正しい」と言っているのだ。

しかしこれは、その人間の人間全体に係《かか》わってくるので、判断や行動が正しくなるばかりでなく、「全人格的人間力」も培われることになる。いわば〝立派な人間〟になってくるのである。

したがって、江戸時代この「規範の形成」を重視したのも頷けることである。

もう一つは、「禽獣《きんじゅう》にならないこと」と「明徳を明らかにすること」である。

江戸期の教育の大前提は、「大切なことほど早く教える」という考え方にある。

「自意識」が出来る前にしっかりと根をおろすことが重要なのである。

「禽獣にならないこと」とは、猛禽、鳥や獣《けだもの》にならないということだ。禽獣とは、道理や恩義を知らないもの、畜生を言う。

四書の一つ「中庸」の巻頭に次の言葉がある。

「天の命ずるこれを性という（天命之謂性）」

天が私の念願を聞き入れて、人間に生まれさせて下さった時に、これを忘れるなと言って授けて下さったもの、それが「性」だと言っているのだ。

性とは、「人間性」、これ無くして人間にあらずというもので、「天性」と言っても、「理性」と言ってもよいだろう。

人間も動物だから、本能や欲望を持っている。これだけなら他の動物、それこそ獣と変わりはない。それでは、人間に生まれてきた甲斐がない。そこで、人間だけに天が下さったのが理性なのである。本能、欲望を制御する力である。

車に例えれば、本能、欲望がアクセル。理性がブレーキだ。ブレーキを持っているのは人間だけだから、これを「人間の証《あかし》」と言う。

本能、欲望のまま生きるとは、とても自由で気儘《きまま》で至極良いように思っている人がいる。出来たら、完璧にやってみたらよい。

こんな辛い、苦しい、耐え難いことはないと、直ぐに気付くだろう。

やはり、ほどよく本能、欲望を働かせ、つまりアクセルを吹かせて、必ずブレーキを踏んでスピードを正しく保ち快適なドライブ（人生）を味わうことだ。

孟子の章句であり、幼年の教科書「小学」の巻頭にも出てくる有名な言葉に次のものがある。

「孟子曰く、人の道たる、飽食暖衣、逸居して教え無くんば、禽獣に近し。」

孟子は次のように言う。人が人としての在り方を失わない要点は、飽食はグルメ、暖衣はファッションに、逸居、便利な生活をしていたら、そこに教えが無ければ、人間を離れて禽獣に近くなってしまうのだ。

教えとは、

「教ふるに人倫を以てす。」とあり、

「父子親有り（父子間では、親愛の情を失うな）

君臣義有り（君臣間では、近しき仲にも礼儀ありを失うな）

夫婦別有り（夫婦間では、互いの協力に対する感謝を失うな）

長幼序有り（長幼間では、年長者を立てるを失うな）

朋友信有り（朋友間では、嘘をついて信を失うな）」

「五倫」を説いている。

このような人間の基本を、何回となく教えたのである。

もう一つ。

「明徳を明らかにすること」

小学校一年生の最初に読むテキストが「大学」であったが、その巻頭に出てくる言葉、

「大学の道は、明徳を明らかにするにあり。」

である。

大学とは、大いなる学び、人間にとって最大の学び、絶対に必要な学びは、明徳を、明らかに、よく身に付けることにあると言っている。

明徳とは何か。

明らかな徳。徳とは、人の道に叶った立派な行いで、私は〝自己の最善を尽くしき

ること〟と言っている。

一つ一つを丁寧に、心をこめて行うことである。

こうしたあなたの言動に対し、相手は「有り難う」と言って下さるであろう。

これを「感謝の人間関係」と言う。

この関係を礎いていくのが、「生きる」目的である。

徳を身に付けることとこそが、人生をより良く進める為の感謝の人間関係を蓄積していくことであるから、良い人生の秘訣と言ってもよいのである。

これをしっかり幼年のうちに身に付けさせた。

⑨ 江戸遊学

当時は何と言っても、日本の文化の中心地と言えば江戸であったから、江戸へ学びに行くことは、戦後米国のボストンやニューヨーク、サンフランシスコや、英国のケンブリッジやオックスフォードへ留学することをエリート修業の第一としたようなものであった。

特に象山にとっては、初めて故郷を離れて遠方へ行くわけだから、胸の高鳴りを覚えたことだろう。更に父を亡くした翌年である。

時に一八三三年二十三歳であった。

佐藤一斎の門へ入ったのである。

佐藤一斎は、岐阜県（美濃）の岩村藩の家老の家に生まれ、竹馬の友であった藩主の第三子松平衡《たいら》が、第八代大学頭として林家を相続し、林述斎になるにしたがって、林家に入門して、林家の塾長となり、昌平黌教授となって多くの維新の支柱となった志士を育てた。

したがって象山は、幕府の教育機関のド真ン中に、いきなり入門したのである。普通ではありえないから、鎌原桐山の強力な推挙があったのだろう。

更に言えば、江戸遊学自体も、本人の意思で自由に行けるものではなかったから、ここでも桐山の尽力を思わざるを得ない。

象山は、欠点の多い性格であったことは既に述べたが、だからこそ凄い可能性をも感じさせる将来有望の青年であり、少数であるがそこを高く評価する実力者がいつも出てくる。

そして格別の支援をしてくれるのだ。

これも象山の特性なのだろう。

⑩ 江戸遊学で得たもの

何と言っても、「自論（自分の実力）の世間的なレベルが解った」ことではないだろうか。

地元の松代では、神童とか秀才と言われようと、日本の真ん中である江戸に出ないことには、自分が通用する実力の持ち主かどうかも判然としなかっただろう。

特に儒家の思想の理解度こそが当時の実力の源泉であったから、これがどの程度のものかは、自信家象山といえども大いに気になるところである。

入門先は、まさに天下の秀才の集まる打って付けの場所である。

結果はどうであったか。

「佐門の二傑」と謳われる存在になったのである。

後年財政改革の神様と言われた備中松山藩の山田方谷（一八〇五〜一八七七）と共に、

佐藤一斎の門、すなわち佐門の二人の傑物と高く評価をされたのである。

更に象山は、当時江戸きっての一流の学者、人物と言われる林鶴梁、藤田東湖、安井息軒、塩谷宕陰《しおのやとういん》などとも交流した。一気に世界が広がり、一流の仲間入りをした感を深めたことだろう。

天下の秀才の集まる学問の場で、自分の学識知見が、充分に通用するばかりか、一流の学者とも交流し、注目を集めるほどのレベルにあることが確認できた。

しかしその反面、弱点や不足の点もよく解ったのではなかろうか。

象山と明治新国家の構想係として常に並び称される横井小楠にも、似たような体験がある。

横井は江戸へ出て林述斎に入門するが、述斎の許で学ぶ気はなく、「治国平天下の道を修めよう」というのが彼の遊学の目的であったとされる。

そこで多くの碩学と会うことになる。

藤田東湖、川路聖謨《としあきら》、江川太郎左衛門、佐藤一斎、松崎慊堂《こうどう》などである。

田舎の優等生と思っていたが、存外こうした天下の大学者とも対等に討論が成り立つ。

時には意見を求められることさえある。

大いに自信をつけたと思われる。

その少々の慢心の為か、東湖邸で開かれた忘年会に招かれ酩酊し、その帰り道、酒失を犯して帰国を命じられる。

帰国して藩の処分を待つ。禁足七十日であった。

この間兄の家の一室でひたすら勉強したとされている。

徳冨蘆花著の「竹崎富子」には次の様に書かれている。

「江戸から不名誉の帰国をした横井平四郎（小楠）は、兄の家の六畳の一室に謹慎しました。頗《すこぶ》るの貧乏で、その六畳の畳は破れ、壁はぼろぼろに崩れ、雨戸が無いので藁蓆《わらむしろ》を軒からつり下げて雨風を防ぎ、縁は青竹を束《つか》ねてありました。下男は一人居ましたが、手不足なので部屋住みの平四郎は時には飯炊き水汲みなども手伝ひました。而して其間には其六畳にぢっと座って学問の仕直し、人生観の建て直しをしました。

（以下略）」

国の中央である江戸へ出て、自分の学問が通じること、碩学の中でも同等に討論が可能であることに自信を持った。

しかし、不足の部分、薄弱の部分も充分に知ったのである。「ぢっと座って学問の仕直し、人生観の建て直し」をする必要も痛感したのである。この時の集中徹底した内省、反省による猛勉強が、如何に横井小楠をつくったかを考えると、象山も自信を深めた反面至らぬ点も明確になったことだろう。〃佐久間はいつ寝るのだろう〃と言われるほど勉強した。偉人をつくるのは、むしろ自信の確立ではなく、こうした「発憤」によることなのだろう。

象山の場合は、この反省内省が早い。その日に不足部分、薄弱部分を抜き出して、翌日その強化修正に努めるようなところがある。

どちらにしろ、江戸という強敵の集まる決戦場は、自信もつけてくれるが、課題も浮きぼりにしてくれるところなのである。

象山が江戸遊学から、一段と象山らしさを増したことは、確かなところである。

⑪　再び江戸遊学へ出る

三年間江戸で学んだ象山は、天保七年（一八三六）二十六歳の時に松代に帰る。

象山の号は、この年から使いだす。

翌年二十七歳には、松代文武学校創立を柱とする学政の改革「学政意見書」を藩に提出する。

江戸で朱子学の正統性を確認した象山は、陽明学者でもある大塩平八郎の乱が起こったこともあり、朱子学をもって政治も教育も行うべきだと主張した。

二十八歳になって、名を「修理」に改める。

二十九歳になり再び江戸へ遊学をする。

今度は学ぶばかりでなく、神田阿玉ケ池《おたまがいけ》に「象山書院」、五本の柳の樹があったので「五柳精舎」とも言う塾を開いた。

手紙があるので読んでみよう。

開塾して、どの様な状態だったのだろう。

『最初の考にては卜居《ぼっきょ》後一両年の間は門人等も付申《つきもう》すまじき覚悟に御座候所、外宅以来直様《じきさま》打続き、一両人両三人宛入門の生も御座候て、此節塾生三人の外、外より通《かよい》に参り候もの十四五人も御座候。此《この》様子にては来年にも及び候わば追々《おいおい》多分にも相成申すべく、左様御座候得《え》ば最初見込より却《かえっ》て早く門戸を成し申すべく存じ奉り候。……』

「最初の考えでは、塾を開いて一年ぐらいの間は、門人なども集まらないだろうと覚悟をしていたところ、三人も入門の塾生があり、この三人の外に、通いの塾生も十四、五人も集まりました。この様子だと、来年にもなれば、多くの塾生になりそうです。」

早々に塾として格好がつきそうだと喜んでいる。

隣は、「玉池吟社」、前回の江戸遊学で知り合った漢詩人梁川星巌《やながわせいがん》と紅蘭夫妻の塾である。

象山も江戸に自分の塾を開くほどの人物になったのである。

更に凄いことが起こった。

天保十一年（一八四〇）正月、「江戸名家一覧」に象山の名が載ったのである。

毎年正月に発売された、江戸の有名人の番付一覧表で、勿論松代出身者でここに名が載った人は、これまでいない。

学者として一応世間から認められる存在になったという御墨付きであろう。
この慶事を早速恩師鎌原桐山に知らせた手紙がある。

『今春板行の江戸名家一覧と申す小冊到来つかまつり候所、其内《そのうち》既に賤名をも録し之《これ》有り候。一咲《いっしょう》に勝《た》えず、風《ふう》と出来《しゅったい》つかまつり候ゆえ、三絶句を口占《くちうら》つかまつり候。御《ご》一粲《いっさん》に供したてまつり候。痛く御《ご》斧《ふ》正冀《せいねがい》たてまつり候。尤《もっと》も此小冊、儒家のみを集め候には御座なく、詩歌、連俳、書画、技芸の類《たぐい》迄、到《いたっ》て広く集め候故、総計にては千余名の人数に御座候。』

「この春に出版された江戸名家一覧という小冊子を見たところ、その内に私の名前が載っていました。一笑してしまい、思わず三篇の絶句の詩が口をついて出ましたので、謹呈いたします。厳しく添削しご指導下さい。この小冊子は、儒家の分野ばかりを集めたのではなく、詩歌、連句俳句、書画、技芸の類まで、いたって広く集めたので、総計では千余名の人数であります。（詩は略す）」

少々テレながらではあるが、嬉しかったには違いない。一応のところまで来たと思ったことだろう。

2 後半生・時代の要請に応える

① 三十歳から死に至るまでを見る

天保十二年（一八四一）になると、藩主真田幸貫が推されて幕府老中になった。

先述したように幸貫の父は松平定信で、定信は八代将軍吉宗の孫であるから、徳川本家の血筋であり、充分に就任の資格があるが、この場合は、血筋ではなくその実力をもって就任したと見る方が自然であろう。

水戸藩主徳川斉昭《なりあき》は日頃から幸貫を高く評価していたから、その推挙によるところは大いに力となったであろう。

そして翌年天保一三年（一八四二）に「海防係」に就任する。象山三十二歳。

アヘン戦争によって清国が英国との戦争に敗《ま》けるなど、東洋諸国が一大試練に巻き込まれている最中の海防係の就任である。重大な任務と言ってよい。

そこで幸貫は、すぐさま象山を顧問に抜擢し、周辺諸国と西欧諸国の情報収集をし、その見通しをもってアドバイザーを務めよということになった。いよいよその本領を発揮させようとしたのである。

象山もようやく半生の努力が稔り、朱子学者として江戸でも名声を獲得した。これで、わが人生も安泰だと思うところもあったであろう。

しかし結果的に言えば、とんでもない方向へとその人生は向かっていくのである。

② 海防八策

ここで象山が老中、海防係の真田幸貫に献策した「海防八策」こそが、いまだ蘭学や西洋の近代的技術にもそう精通しているとは言い難い時期の象山が、それでもどれだけのわが国の防衛戦略についての見識をもっていたかを知る、とても良い材料なのである。

第三章「佐久間象山に学ぶ」を読んでほしい。

蘭学の権威、近代技術の練達などと言われるのは、深川藩邸で砲術を教授する嘉永三年（一八五〇）四十歳以降のことである。

現在は天保十三年（一八四二）三十二歳である。

いわば専門的な学問を突き詰める前の象山が、それでも一級の戦略家であり、観察者であり、政治家であったことを痛感するのが「海防八策」なのである。

詳細は第三章に譲りたい。

③西洋砲術に触れ一切を捨て入門する

海防掛になった幸貫は、高島流砲術師範となった江川太郎左衛門を藩邸に招き、西洋砲術の実演をさせた。

見事なものであった。象山も、西洋流の砲兵部隊というものが、どれほど一糸乱れず行われ、合理的に出来上がっているかを見て衝撃を受け、早速、伊豆韮山に赴いて、江川塾に入門するのである。

アヘン戦争の清国の敗戦の報が明確になればなるほど、幕府も恐怖にも似た警戒感を持ち、「異国船打払令」が時代遅れであることを知り、「薪水・糧食を給すべし」という大改正を行った。

海防係の顧問となった象山は、孫子の兵法の「彼を知り、己を知れば百戦危うからず」を実行し、西洋事情から、清国の状況までを情報収集した。

すればするほど、西洋列強の国力の強大さを知るばかり。何としても彼らと同じレベルの国力を持って、それを以って彼らに勝たねばならないという、象山の理念である「夷の術をもって、夷を制す」という考えが強まるばかりであった。

その一歩こそ、自分から砲術の全てを習得することだとして江川の塾に入門した。しかし残念ながら、江川の塾では、象山が満足するような教学を受けることが出来なかった。江川塾の方針で、砲術は体力を必要とするとしてもっぱら体力づくりの為、山野を駆け巡り、あるいは力仕事ばかりを行うなど、身体鍛錬ばかりをやらされた。

象山のような出来上った人物からすれば、納得し難い教授方針で、一刻も早く習得したいと思った科学技術の真髄とはほど遠いものであった。

江川の半ば秘密主義的方針に対しては、象山は常に批判的であり、この時の体験からか、終生自分の知るところは全てオープンにして学ばせる方針を採《と》った。

そこで象山は、下曾根金三郎の門弟となった。下曾根は、当時江川太郎左衛門と並び称される砲術の大家であり、とても開放的な性分であったから、専門書はどんどん開示してくれる。砲術の学理は驚くほど進んだ。

教学が進めば進むほど痛感することが出てくる。

語学の能力である。蘭語の知識である。

象山は、ここで思い切った行動に出る。

蘭語を一から勉強しようと思うのである。

そこで蘭学者坪井信道を訪ねた。

象山の願いを聞いた坪井は、うってつけの人物を紹介するのである。

坪井の塾頭をつとめる黒川良安《まさやす》だ。

黒川は父親が医師修業の為に移り住んだ長崎で育ち、蘭学ばかりをやっていたので、和漢の学を学びたいと思っていた。そこで象山と交換教授をしたらどうだというわけだ。

早速交換教授の為に、黒川良安との共同生活が始まった。

象山の勉強の日々は凄まじく、睡眠時間を極端に減らし、集中して蘭語習得を行った。その結果、普通にやれば一年かかるところを二ヵ月で習得という速さで、めきめきと象山の和蘭陀《おらんだ》語は上達した。

しかし良安は、両親の願いを聞き入れ郷里に帰ることになってしまった。

その後も象山は坪井信道に就いて蘭語習得の勉強を続けたのである。チケールの兵書やカルテンの砲術書を読み、更にベウセルの「砲術書」も読んで新しい知見を得る。

④ショメールの「百科全書」

象山が蘭語に堪能になったことにより、原書が読めるようになる。そこで象山は原書の手引きで次から次へと西洋の機械や物品を作るのであるが、それが全て「わが国初」のものばかりなのだ。この象山の先駆的な行動を知って、まず感じることは、個人の努力や行動が如何に社会に凄いインパクトを与えることかと、つくづく思うのである。

象山の狂気ともいうべき努力、普通一年かかるところを二ヵ月で習得していくなど、尋常ならざる行動があって、初めて日本の夜明けがあると思えば、象山の偉大さは勿論のこと、個人、独りの人間といえども、その気になればかなりのことが出来るのだと痛感する。特に若者には、ここのところを学んでほしいと思うばかりだ。

江川の塾に入門して失望した象山は、下曾根金三郎について砲術修業を始めたところ、次々と砲術書を見せてくれた。更に坪井信道を訪ねたところ珍しい書が手に入ったと原書の砲術書を贈られる。

こうして貴重きわまりないオランダ語の原書を目の前にして痛感するのは、自分はオランダ語が読めない。これでは〝猫に小判〟になりかねないという無念さであっただろう。

特に坪井のくれた砲術書は、これまでに見た事のない詳細な図面が何枚と出ている。その図をまた微に入り細を穿《うが》って説明しているオランダ語が読めたら、どんなに確かな技術が持てて西洋のレベルに到達出来ることか、と象山は思ったことだろう。

象山は儒家の書を読むには、中国語が読めなくてはいけない。それが正しく発音出来なくてはいけないとして、松代から上田へ、地蔵峠を越えて山の荒道を馬をとばして活文禅師に華音（中国語の発音）を学んだほどの人間である。

何としても蘭語に精通しなくてはと決意し黒川良安に同居してもらって蘭語を習得した。

その成果こそが、ショメールの「百科全書」を読んで、そこに出ている製造法を読んで、次々と西洋物品を製作したのである。

いわば象山の西洋科学技術との直接的出会いこそ、このショメールの「百科全書」であった。

十六冊から成る全書を四十両の大金を藩に出してもらって手に入れたのである。

硝子の製造を行って、西洋から輸入されたガラス製品に劣らないものを作り、わざわざ舶来品店に持っていき見せたところ、是非輸入したいと言われたのは有名な話だ。

この「百科全書」は、科学技術の解説書というものではなく、「家庭百科」のようなものであった。

ということは、象山は砲術や大砲製造、用兵訓練の大家の前に、西洋の暮らしがどの様なものかを知っている人間であった。

これは、暮らしの分野に近代科学がどの様に応用されているかを知ることになり、その一般的普及の方法についても知るところとなる。

つまり〝西洋の暮らしはいいものだ〟という多くの市民の理解があって、初めて近代西洋科学は定着するものだろう。

その象徴とも言うべきものが、やはり「百科全書」から得た知識で、象山が始めた「養豚」がある。

象山自身は大柄な体軀の持ち主であったが、普通の日本人は体格の面で西洋人に劣る。この差を解消することにより、世界に出て堂々と自己を主張することが出来る。

そこで豚肉を食べる習慣を一般的なものにする必要があるとして、神田阿玉ヶ池で豚の飼育を始めた。

弘化三年（一八四六）三十六歳で、郡中横目役に就任して松代に帰るについて、この豚を郷里に送っている。

⑤　帰藩して革新的技術の実験を始める

ショメールの「百科全書」を藩が購入するにあたっては、松代藩の産業振興の為というのが理由であった。

松代へ帰った象山の最新技術の研究には一段と拍車が掛かり、次々と自分の手で実験を繰り返して、技術の深部を見極め、最新器械を造り続けた。

ガラスの製造や養豚に続き、馬鈴薯《ばれいしょ》や薬草の栽培、ブドウ酒の製造から西洋の大砲、小銃の鋳造、火薬の製造を行った。

更に写真機や電信機、電気医療器や地震計の製作にまで及び、象山自身が一大実験工場化したと言ってよい。

しかし、こうして自分で全て作ってみる、あるいは行ってみるなどしたことは、ののち計り知れない知見を象山に与えたことになる。

理屈理論は解るが、それをどの様にやるか。何をどのくらいどの様にして使うかなどの、いわゆる「匙加減《さじ》」、その時の状況に応じた手加減の加え方が解らなければ、物事は正確に出来ない。しかもそれを指導することなどもっと出来ない。

反対に、行うことは出来るが、何故そうなるのか理屈理論が解らなければ、普及させることすら出来ない。

その両方をマスターしてこそそのものであるが、特に最先端技術などでは、そういう人は希《まれ》と言ってよいから、象山の貴重さが理解出来る。

またその手加減などは、何度となく失敗を繰り返して初めて適正値に到達出来るのだ。

したがって、象山のような失敗にめげない、挫《くじ》けない人間だから出来ることなのである。

こうした体験を繰り返し行っていると、どの様な能力が身に付くかといえば、そのものの可能性を見抜くことが出来てくる。

したがって「活用術」に長けた人間になるのであるが、象山の様に、朱子学者として一流の領域に至った人、いわばある分野でそのものの本質を掴《つか》んだほどの人間であれば、尚更であろう。

それがよく解るのが帰郷後の象山の行動と実績である。

松代藩領東端の鞜《くつ》野・佐野・湯田中の三ヵ村利用掛に任命された象山は、三ヵ村を踏破して実地検分を行い、その結果を「鞜野地方における殖産興利と弊害除去について」という意見書を提出している。

嘉永元年（一八四七）三十八歳、この年恪二郎が妾菊子の子として生まれた。象山の子は不幸にしてみな夭折してしまい、この恪二郎《かくじろう》のみが象山の最期を見取ることが出来た。恪二郎は、その後象山の弟子で会津藩士山本覚馬の勧めで新選組に入り、その後は薩摩に身を寄せたりするが、明治二年（一八六九）に家名再興して、同四年に慶應義塾に入学する。明治六年に司法省に出仕して愛媛県判事を務めるが、明治十年に二十九歳で急死する。

⑥江戸へ出て砲術塾を開く

嘉永三年（一八五〇）象山は江戸深川の藩邸において砲術教授を行うことを決めた。合わせて、銃砲の製造所を設けることも藩が認めてくれた。

この時入門したのが勝海舟である。他に米総領事ハリスと日米修好通商条約を締結した下総佐倉藩主堀田正睦《ほったまさよし》の家臣の木村軍太郎。伊予大洲藩の武田斐三郎。中津藩からは七十三名もの藩士が入門してきた。

この三年前嘉永元年に象山は、ベウセルの砲術書によって、三ポンド野戦砲一門、十二ドイム（オランダの長さの単位。一ドイムは約二・五センチメートル）野戦砲二門、十三ドイム天砲（臼砲のこと――砲身が口径に比して短く射角の大きい砲で、城や堅固な陣を攻めるのに用いた）三門を製造している。

日本で初めて造られた洋式の大砲と言われている。

その後も中津藩のために十二ポンド野戦砲、松前藩のために十八ポンド長カノン砲と十二ポンド短カノン砲を鋳造する。

鋳造したら試射をしなければならない。試射はそれだけの空地を必要とするから大掛かりにならざるを得ない。

見物人も沢山来る。皆は大砲の轟音に驚き、そしてその凄さに喝采した。

帰藩した時も、塾生を連れていき試演を行った。失敗もあったが、成功も数多く、藩内の評判も上がること甚だしい。

象山の得意満面の姿が思われる。

砲術家としての名声も上るばかりであった嘉永四年（一八五一）に、江戸木挽町、今の東銀座、銀座と築地の間にあたるが、そこに居住を定め、砲術塾を開いた。

社会的名声もあって、多くの優秀な人材が入門した。

吉田松陰、小林虎三郎、山本覚馬、橋本左内、河井継之助、などである。

松陰（寅次郎）と小林虎三郎は特に優秀で「象門の二虎《とら》」と言われた。象山もかつて佐藤一斎塾に入門し、山田方谷と共に「佐門の二傑」と言われたことを思い起こす。その他に、津田真道や加藤弘之がいた。明治の啓蒙思想団体の中核を成す人物である。

こうして象山塾をよくよく見ると、現在（江戸期）の日本に必要な人物、維新に必要な人物、明治に必要な人物と、これから二十数年、必要な人物、言い方を換えれば、その時代その時代に日本を背負って立つ人間が、揃っていることに驚かされる。いまも通用するし、未来にも通用するというのが象山の学問であったのだろう。

そこで気になるのが、象山塾の教育の内容である。

砲術塾であることは間違いないから、大砲の構造からその鋳造法、更にその大砲の効果的な活用の仕方までを教えたのであろう。

しかも蘭学塾であったわけで、オランダ語の習得もしっかりやらせたことだろう。大阪の緒方洪庵の適塾を見ると、やはり「ズーフハルマ」という蘭和辞書の置いてある〝ハルマ室〟を真ん中にして成り立っている。ということは、この辞書で言葉を憶え、やがて原書を読む力をつけることをやったことだろう。

「ズーフハルマ」で思い出すのは、勝海舟の蘭語塾開塾時の苦労である。時に勝海舟二十六歳。蘭語の塾は時代の潮流に沿ったもので、さすがに海舟、時代を読む目がある。しかし蘭語塾には必須のものがある。それが「ズーフハルマ」である。これが無ければ塾は開けない。思案した海舟は名案を思い付く。本屋で借りて写せばよい。そこで三日の約束で借りてくる。三日三晩一睡もしないで写す。何と二部つくるのである。一部を売って借り賃を支払ったのである。やる気が違う。

それはとも角、象山塾で特に目を引くのは、「経書」の勉強を必須としていることである。

経書とは、「四書五経」である。

あくまでも日本が基点にあって、西洋の学問を学ぶ。基点を失っては、全てが揺らぐ。揺らいでしまっては、西洋の知識も活かせない。

別の言葉で言えば、自分がしっかりあるから、全く異質な事もしっかり掴める。

この考え方こそ象山塾を貫く理念であり、きっと象山自身の体験から得た信念なのだろう。

⑦ 江戸の守りを鉄壁にせよ

この時期の象山の活動で、最も注目すべきは、象山の提唱する「防衛策」である。何故なら、ここに象山のこれまで培った学識の全てが活用されていると思えるからだ。

「ズーフハルマ」の必要性については先述したが、象山は、日本の西洋知識の習得には何と言っても、この辞書が必須である。思い切ってこの辞書を印刷して、もっと誰でもが使えるようにすべきであると考え、藩に上申をした。

まだまだ藩の理解も薄く、却下される。

象山は諦めない。では幕府に頼もうと、幕府に訴える。結果としては、幕府も引き受けないのである。

象山としては、日本の将来を思ってのことで、理解されないとは、残念なことであったであろう。

その気持ちを幾分でも晴らす為に、鎌倉へと出掛け、三浦半島の砲台を見にいったところ、その杜撰でいい加減な計画に驚愕もし、腹を立てたのである。見てまわったのは三浦半島の八王寺、荒崎、城ヶ島、剣崎、大浦、浦賀の千代ヶ崎、観音崎、遠島などである。

どこの砲台もみな全く使いものにならないものばかりだった。まずこれらの大砲はいずれもその弾の飛距離が足りない。したがって撃ったとしても夷国船はその向こうを楽々と通ってしまい、何の防備にもならない。「かえって敵の軽侮を招くであろう」と象山は言っている。諸砲台を撤廃して、唯千代ヶ崎砲台のみ残して、浦賀港の直接防禦に使ったらよい。江戸湾の入り口である三浦半島と房州には武略に秀でて、また相当に兵力を持った諸侯を移封して沿岸の警備を担当させなさいと言う。

江戸の直接防禦は、品川沖の洲と佃島の洲の二ヵ所に台場を建設し、それぞれに百五十ポンドから二十四ポンドまでの八十門の大砲を備え、「火道」（大砲の飛ぶ道）が交叉するように建設する。

既に象山はベウセルの砲術書などを読んで、砲は大きければよい、大砲であれば尊いかと言えばそうではない。その使用する場所や目的に応じて適切に選択してこそ、ものの役に立つものだと言っている。

更に海上防備については、「伊豆の大島から下田附近までの海上、または遠州沖等を徘徊する敵艦隊を駆逐して海路を安全にする必要上、西洋流の有力な海軍を新設し、先進国のように鋼鉄艦を造る必要がある」と言っている。

藩主真田幸貫はこれを一読して、これこそわが国を救うものと実感し、改めて象山の卓見に敬服した。しかし、余りにも現況の幕府の政策と違いすぎる。誰が読んでもこちらの方が優れているのは一目瞭然。だからこそ幕府の担当者の反発も凄かろう。これは自分のところで留めておいた方がよかろうと思ったのである。

したがって、この象山の卓見は日の目を見ることはなかった。

⑧ 去る人と来る人

嘉永五年（一八五二）象山四十二歳。

この年は、象山の一生においても決して忘れられぬ年であろう。

六月に藩主真田幸貫公が亡くなるのだ。

藩においては藩主の力は絶対的なものがあるから、たとえ象山にどれほどの能力があろうとも、藩主の意向次第では、不遇な一生を歩むことになったかもしれない。

現に松代藩の上層部には、〝象山ぎらい〟がいたようだ。

しかし幸貫は、象山を「欠点は多いが、豪傑である」と理解し、充分にその能力を開花させるべく陰に陽に支援し続けたのである。

したがって、象山にとってはその死は、支柱を失ったように思ったことだろう。

この年の十二月、今度は実にめでたいことが起こった。勝海舟の妹の順子と結婚したのである。象山四十二歳、順子十七歳である。

象山にとってはこの結婚はどうであったのか。

象山の手紙を読んでみよう。


『御旗本当時小普請《こぶしん》勝麟太郎殿妹、妻にもらい申度《もうしたき》内約束取極め申候。表向願書、近日差出度《さしいだしたく》存じ奉り候に付、此段御知《おしらせ》申上候。この勝と申人《もうすひと》学問も少々これ有り、剣術よく遣《つか》い候て、諸藩に門人も御座候よし。阿蘭《オランダ》学も可也出来候て、御旗本衆には珍しき人物に御座候。其《その》先代は御勘定にて中野御代官など勤められ候小谷《おたに》殿の弟に候えば、私妻に成《なり》候は燕斎翁の姪に御座候。唯《ただ》余り年違にておかしく候えども、夫《それ》は致《いたし》方《かた》なく候。当年十七と申事《もうすこと》に御座候。御一咲《いっしょう》下さる可く候。』

「旗本で小普請組の勝麟太郎氏の妹を妻にもらうことの内約束を取りきめました。正式な書類を近日中に提出いたします。

この勝という人は学問も少々あり、剣術のよい使い手で、諸藩に門人もあります。蘭学もかなり出来て、旗本衆には珍しい人物です。

勝の先代は勘定役で中野陣屋の代官などを務められた小谷（男谷）氏の弟で、私の妻になるものは、その（男谷）燕斎翁の姪になります。

余りにも年齢が違うのでおかしいかもしれませんが、それは致し方ないことです。当年十七歳といいます。一笑下さい。」

いまは勝海舟と言えば、歴史上の人物で、知る人が多いのであるが、当時はその様になる前の勝海舟なので、むしろ同じ信州の中の条陣屋（現坂城町）の代官であった男谷燕斎の方が名が知れていたようだ。

歴史というものを感じさせて面白い。

⑨ ペリー来航

嘉永六年（一八五三）象山の懸念した通りペリー率いる米国東インド艦隊が浦賀に入ってきた。

何故浦賀かと言えば、幕府奉行所があるからである。

何故「黒船」と言うかと言えば、軍艦は木製で出来ていた。腐らないよう、水もれしないように、コールタールで黒く塗られていたからだ。

注目は「蒸気船」が二艦含まれていたところだ。正しく言えば「汽走帆船」と言って、石炭節約の為に外洋では帆船として走る。旗艦サスケハナ号は二四五〇トンの新鋭艦で、幕府は、長らく大型船の建造を禁じており、原則五百石以上の船はなかったから、その大きさに圧倒された。

象山はこの報を何時知ったのか。

意外に早かった。

浦賀奉行から老中首座阿部正弘に報告され、阿部から海防掛にして勘定奉行の川路聖謨に伝わり、川路がその道の権威者として最も信頼する象山に直ぐに伝えたのである。したがって幕府要職にいる者同様の早さで報が伝えられた。

それを知った象山は、藩の許可を得て、直ぐに浦賀に向かった。

ここからは象山が松代藩家老望月主水に宛てた報告の手紙が残されているから、それを読んでみよう。象山の砲術戦略家としての一面がよく表れているので興味深い。

『かねて知る者に御座候故、小泉屋と申に止宿、先《まず》あるじを呼出し、昨日異船渡来の様子承候に、蒸気船の神速なる事、言語に断えたる由に御座候。松輪辺に異船の帆影見え候と申やいなや、またゝく内、矢を射候が如く走り来り、彦根侯御持の台場よりも、乗留め候心得にて乗出し候よしの所、皆及び候こと能はず。第一番に参り候船浦賀港を過ぎ、鴨居《かもい》と申辺に錨を卸し、続て蒸気船に無レ之船一艘入来る。是は先に立ち候蒸気船の引き来り候ものゝ様、被レ思候よしに御座候。其跡、引続き蒸気船一艘、蒸気船に無レ之船一艘、都合四艘、浦賀港より江戸の方へ竪《たて》に並べ置き候事のよし。是迄渡来の船と総《すべ》て品替り候て、乗組居候者共も、殊の外驕傲《きょうごう》の体《てい》にて、是までは、異船渡来の度ごと、与力同心乗入見分《よりきどうしんのりいれけんぶん》する事、旧例に候処、此度は同心与力の類身分軽きもの、一切登る事を許さず、奉行に候はゞ登せ可レ申との事にて、其船の側へ参り候をも、手まねにて去らしめ候由。夫を強《しい》て近寄り候へば、鉄砲を出し打放し候べき勢に御座候故、一番船に向ひ候与力は、其儘引返し、又彦根侯御人数の内にても、乗寄せ強て登らんと致し候所、空砲には可レ有レ之候得ども、二発打出し候に付、是も無二致方一、且は怖れ候て、引返し候由の話に御座候。いづれの国にやと尋ね候所、宿屋亭主には不二相分一候故、其儘休息仕《つかまつる》。

翌五日早晨《そうしん》に起出で、東浦賀より山に登り、鴨居と申所の東に向ひ候所に至り、一見仕候所、浦賀港口の東南十六、七町の所に、大砲廿八門備へ候洋名コルベットと申べき船一艘有レ之、其東北四町程隔て候所に一艘、是は所謂蒸気船にて、其形コルベットに比し候へば、殊に大にして、比例し候に五と三との如くに御座候。コルベットも大略測量仕候に、其長サ二十四、五間可レ有レ之候。蒸気船は四十間ばかりと被レ存候。其東北に同じく蒸気船一艘、是は先に比し候へば稍《やや》大に見え候。いづれも船腹に車輪を備へ候。其輪の大サ、径六、七間可レ有レ之候。蒸気を生じ候為の筒と見え候が、径五尺ばかりにして、舷より三間余高く突出し候もの有レ之候。大砲の数は、車輪の前に四門、後に弐門、是は砲窓を開き有レ之候故、よく分り申候。其上に六門、是は砲窓を閉ぢ有レ之候故、かすかに見え候。左候へば、是も二十四門を備へ候と被レ存候。夫より同じく東北に当り、砲廿八門備のコルベット一艘、船と船の間、いづれも四町ばかり並よく隔《へだ》て、左右にコルベット、中に蒸気船二艘を置き候様子、船の結構よりして、いかにもきらびやかなる事に御座候。乗組の人数は、四艘合せて二千人ばかり、船印は（星条旗の図）如レ此にして、角の白黒は、俗に申一抹と申ものの様に見え候。持参仕候遠鏡《とおめがね》、格別宜しからず候間、委しき事はわかり不レ申。尚精しくは、後便可二申上一候。』

「かねてから知っていることもあって小泉屋という宿屋に泊まった。早速主人を呼び出して、昨日の黒船渡来の様子を聞いてみた。（主人が言うには）蒸気船の進む速度の速いこと、言葉に表せない。黒船が見えたなと思うがいなや、またたくうちに、射られた矢のように速く走ってきた。彦根藩の持ち場の台場から、これを留めようとして船が出て行ったが、とても追い付けない。

先頭に来た船は浦賀港を過ぎて、鴨居という辺りに錨を下ろし、続いて蒸気船でない船が一艘入ってきた。これは先頭に来た蒸気船が引いてきたもののように見えた。

その後、引き続き蒸気船一艘が来て、続いて蒸気船でない船が一艘来て、全部で四艘、浦賀港より江戸の方へ縦《たて》に並んだそうだ。

　これまで渡来した船と全て違って、乗組員達も殊《こと》の外おごりたかぶっている態度で、これまでは外国船が来れば、与力同心が乗り込んで見分するのが通例であったが、今度は、同心与力などの身分の軽いものは、一切船に乗せない。奉行でなければ登らせないということで、船の側へ行っても、手まねで〝去れ〟というばかり。それを強いて近寄れば、鉄砲を出してきて打ち放つぞという勢いなので、一番先頭の船に向かった与力は、そのまま引き返してきた。

　彦根藩の人の中にも、船に近付いて船に乗ろうとする者があったが、空砲ではあったが、二発打ってきたので、致し方なく、また怖れもあって、引き返したという話であった。

　相手は何処の国だと尋ねたが、宿屋の主人には解らないということであったので、そのまま休んだ。

　翌五日早朝から起き出して、東浦賀より山に登って、鴨居という所の東に出たので、そこで船を見てみた。

浦賀港口の東南の十六、七町の所に、大砲二十八門を備えている洋名コルベット（小型の軍艦）という船一艘があり、その東北四町ほど離れたところに一艘、これはいわゆる蒸気船で、その形はコルベットに比べれば、特に大きく、比べて言えば五と三の違いぐらいである。コルベットもだいたい測量しましたが、その長さは、二十四、五間はあるように思う。

蒸気船は四十間ばかりの大きさである。その東北にあたるところに、同じく蒸気船が一艘、これは先の船に比べれば、やや大きく見えた。いずれも船腹に車輪を備えている。その車輪の大きさは、六、七間もある。蒸気を生じる為の筒と見えるのが、径五尺ばかりで、船べりから三間ばかり高く突出している。

大砲の数は、車輪の前に四門、後ろに二門、これは砲窓を開いているので、よく分かる。その上に六門、これは砲窓を閉じているのでかすかに見える。左に目を転じて見ると、これも二十四門を備えている。それより同じく東北に当たり、砲二十八門を備えたコルベット一艘、船と船との間、いずれも四町ばかり離れて、左右にコルベット、その中に蒸気船二艘を置いている姿は、船も立派なので、いかにもきらびやかに見える。乗組員の人数は、四艘合わせて二千人ばかり、船印は（米国国旗）、角の黒白は俗に言う市松模様のように見える。持参した望遠鏡は、格別良いものではないので、詳細は解らない。精しくは、後便で申し上げたい。」

この場合最も大切なことは、どれほどの武器を装備しているものか。乗組員達の士気はどれほどのものかなどであるが、その一報には、その情報がしっかりと述べられているのは、さすがに象山だと思わせる。詳細は後便でとなっているが、それはどの様なものだったのかも読んでみよう。

『追々浦賀役場の手筋へ掛り、異船来著の始末承り候に、皆此度は事に成り可レ申と、覚悟を極め居候様子に御座候。与力中島三郎介と申者、和蘭通事堀達之助一同、其主船とおぼしき船に〈浦賀の方より第三、江戸の方より第二〉乗寄せ、拒み候を強て乗登り、何れの国より何の用ありて来りしやを問ひ候所、北アメリカの内ワシントンのよしを答へ、さて此度の用向は、江戸へ直に達し可レ申候へば、各《おのおの》の厄介に成り不レ申、通事も召連れ候故、入用無レ之と申放し候よし。其通弁致し候ものは、定めて通事なるべく候が、本邦語を操り候様子、長崎人などの如き音声と申事に候。其外辮髪《べんぱつ》の人も乗組居候よし、清人と被レ思候。是は漢文往復の用に供へ候為の料見にて可レ有二御座一候。昨年来、公辺より此所に御達し被レ置候は、和蘭本国の書簡にてだに、向後は御取上げ無レ之、封のまゝ御返しに可二相成一御定めに候へば、異国の文書類、総じて取上げ候事無レ之様にとの事に候故、此度の異船をも、渠等《かれら》申候如く、内海へ入れ候ては済み不レ申、又齎《もたら》し来り候国書をも、浦賀奉行へ直渡《じきわた》しに致し候事に候はゞ、左様も可レ致と申候よしの所、兼ての御達しも御座候上、奉行直受取等の事体《じたい》、容易ならず候に付、一昨夜、与力香山栄左衛門其伺《そのうかがい》の為、早舟にて出府候趣に御座候。夷人申候は、若《もし》此度国書受取らず候など申事に候はゞ、屹と乱妨《らんぼう》致し候て引取可レ申と打出し申候よし。』

「おいおい浦賀役場（浦賀奉行の役所）へ行き、異国船が来たことに対する対処をどの様に行ったかについて聞いたところ、みな覚悟を決めている様子だった。
　与力の中島三郎介という者、通訳の堀達之助など一同は、主船とおぼしき船に近寄り、拒まれても強引に登って乗り込み、どこの国から、どの様な用で来たのかと問うたところ、北アメリカのワシントンと答え、この度の用向は、江戸へ直に報告をすれば、厄介なことにならない。通訳も連れて来ているとのことだ。通訳は日本語を話し、長崎の人間のような発音であった。その他清国（中国）人も乗り組んでいるようだ。これは漢文でやり取りする時の為のようだ。

ペリー来航については既にオランダを通じて知らせてきていたが、どうするかについては取り上げたことはなく、異国からの文書類について取上げることの無いように言われていたので、この度の異国船についても、江戸湾に入れてはならないし、持参の国書も、浦賀奉行へ直接渡してきたので、兼ねてからのお達しもあり、奉行が直接受け取るなどの事体は、容易ならざることであるので、与力の香山栄左衛門が、どうするか伺う為に、早舟で江戸へ行った。

夷人は、もしこの度国書を受け取らずなどのことになれば、乱暴なこと（攻撃）もしなければならないと言っている。」

続いて象山が砲術修業をした下曾根金三郎も現地にいたが、非常の覚悟であるように見えたし、浦賀奉行の戸田氏栄も、最悪の事態になれば、夷人の手にかかって死ぬのも無念だから、寺にて自害する為、寺の掃除を申し付けたりしたそうだと、現地の役人の右往左往振りも伝えている。

そして今後の見通しも述べている。

『いづれにも、此度は容易に事済み申まじく被二相考一候。渠《かれ》の中に任せ、願ひ筋御許容候義御座候はゞ、夫を例として、其他の国よりも、兵威を盛にして請ふ所可レ有レ之、夫をも〳〵御許容御座候はゞ、本邦はやがて四分五裂可レ仕候。其事目前に有レ之事に候へば、よも此度御許容は有レ之まじく、去りとて、軍艦四艘も八艘も致二用意一渡来の上、品次第《しなしだい》は乱妨《らんぼう》も致し候はんと打出し申程に候へば、御許容無レ之候はゞ、唯は得帰り申間敷《もうすまじ》。畢竟此度様の事出来り候は、全く真の御武備無レ之、近年、江戸近海、新規御台場等御取立御座候へども、かねても申上候通、一つとして法に叶《かな》ひ、異船の防禦に聢《しか》と成候もの無レ之、事を弁へ候ものよりは、一見して、其伎倆の程を知られ候義に御座候故の事にも可レ有レ之、且大船も無レ之、砲道も極めて疎《うと》く候と見込候て、仕候事と被レ存候へば、如何様の乱妨に及び候はんも難レ計。浦賀の地等の乱妨は、如何程の事にても、高《たか》の知れたる事に候へども、自然内海に乗入、御膝元へ一発も弾丸を放ち候事御座候はゞ、大変申ばかりも無レ之候。』

「いずれにしても、この度は容易に済まないだろう。彼等の要求を入れてしまえば、それを例として、他の国からも、武力を増加して要求してくるだろう。それも受け容れれば、わが国はやがて四分五裂してしまう。そうした事態が目前にあることを思えば、よもや受け容れることはないだろう。しかしとは言っても、軍艦四艘も八艘も連れてきた上に、ことと次第によっては、乱暴な行為（攻撃）も致すであろう。要求が受け容れられないで帰ることはないだろう。」

つまるところ、真の武力防備がなく、近年江戸の近海にお台場をつくったりしたが、かねて申し上げた通り、一つとして正しい戦略に叶っているものはなく、異国船の防禦にしっかりなるものもなく、軍備に精通している者が見れば、その技術の力量の程が知られ、大きな船もなく、砲術にも疎《うと》いと見られてしまえば、相手に軽く見られどれ程の乱暴を働かせることになるか解らない。

浦賀の地などでの乱暴行為であれば、どれ程のことであれ、高の知れたことだが、江戸湾に深く入られ、江戸城へ一発でも大砲を撃たれることにでもなれば、それこそ大変なことになるだろう。」

象山の眼には、西洋列強の侮《あなど》り難い軍事力と覇権主義への意欲が、黒船を通してはっきりと見えたのだろう。

⑩ 国家の危機に際して

川路聖謨は、幕末きっての能吏として、もっと高い評価を得てよい人だと思う。

大坂町奉行から江戸へ帰ってきて勘定奉行となり、海防係を兼ねることになった。

象山とは長い付き合いで、常に意見を交わす仲であったが、ペリーの来航と言うより、強行な襲来に合い、象山のかねてよりの予測の正確さに改めて敬服した。

その川路に対し象山は、「急務十条」を提出して、老中阿部正弘に有効な対処策として献策しろと提案する。


『第一、堅艦を新造して水軍を調練すべき事。

第二、防堵を城東に新築し相房近海のものを改築すべき事。

第三、気鋭力強の者を募りて義会を設くべき事。

第四、慶安の兵制を釐《り》革すべき事。
第五、砲政を定めて硝田を開くべき事。
第六、将材を選び警急に備ふべき事。
第七、短所を捨て長所を採り名を措て実を挙ぐべき事。
第八、四時大砲を演習すべき事。
第九、紀綱を粛《つつし》み士気を振起すべき事。
第十、聯軍の方を以て列藩の水軍を団結すべき事。』

「第一、軍艦を新造して強い海軍をつくるべく教練に励む事。
第二、要塞を江戸城下の海岸に新設し、相模と安房近海の防御を改築すべき事。
第三、気鋭で能力ある者を募って議会を設ける事。
第四、これまでの兵制を改革して強化する事。
第五、軍事力強化の政策を定め、武器弾薬を豊富に整備する事。
第六、リーダーシップのある人材を登用して緊急非常時に備える事。
第七、全てにおいて短所を捨て長所を伸ばし、名を捨て実質を重視する事。

第八、四季に応じてどの様な気候であっても効力を発揮出来る演習をする事。
第九、国家の大法と規律をつつしみ士気を振起する事。
第十、全軍一致して列藩の海軍を団結させる事。」

では象山は、このペリー来航をどの様に感じていたか。
象山に「癸丑《きちゅう》仲夏」という詩がある。癸丑仲夏とは一八五三年の夏ということだ。

『火輪横恣転江流
非是君臣愒日秋
忠義要張神国武
功名欲伐虜人謀
東圻起堵曾陳策
南島賒船盍有猷
兵事未聞巧之久
何人速解熱眉憂

火輪横恣《おうし》、江流に転ず
是《こ》れ君臣日を愒《むさぼ》るの秋《とき》に非ず
忠義、神国の武を張らんことを要す
功名、虜人の謀《はかりごと》を伐《う》たんと欲す
東圻《とうき》、堵《かき》を起こすは曾《かつ》て策を陳《の》ぶ
南島、船を賒《おぎの》るは盍《なん》ぞ 猷《はかりごと》 有らざる
兵事未だ之を巧《たくみ》にするを聞かざること久し
何人か速《すみやか》に熱眉の憂を解かん』

「火輪とは船尾あるいは中央部の両舷側についた水車のような車輪（外車）の回転で推進する船で、初期の蒸気船に用いられた。この蒸気船を火輪船、外輪船、外車船などと言う。

そうした外輪船（蒸気船）が江戸湾をわが物顔に走りまわっている。
これ君主も臣下も安逸をむさぼっている時ではない。
いまこそ忠義をもって神国の武を張るべき時だ。
功名は外国人の謀略を伐つべきにある。
江戸の防備については曾て策をのべた。
南海の島へ船を出す戦略もあった。
軍事が充分とはいまだに聞こえてこない。
誰か早急にこの憂いを解いてくれ。」

象山は、この様な気持ちをもって緊急非常時、国家の危機に直面し、米国との外交交渉の場で自分を用いてくれと願い出ても拒否され、「急務十条」を提出しても取り上げてもらえず、やきもきしている時に幕府は、ずるずると米国の強圧に押されて譲歩してしまう。

その中でも「下田開港」が決定されそうだと聞いた象山は、〝それだけはよくない〟と反対するのである。「省諐録《せいけんろく》」を読むと反対の理由は次の通り。

『二月廿《ママ》日の夜、下田の議ほぼ定まるを聞く。翌朝早起して望月に詣《いた》りて曰く、「下田は本邦の要地にして、その形勢は全世界の喜望峰に比すべし。夷虜《いりょ》これを傭《やと》い、屯《とん》駐《ちゅう》してもって巣穴《そうけつ》となさば、その害は言うべからざらん。かつ大城は江戸にありて、人口衆多なり。米穀布帛《ふはく》はみな海運に資《と》る。不幸にして警《けい》ありて、海路格塞《かくそく》せば、江戸は首《はじめ》としてその禍を受けん。伊豆の州たるや、天城の険、その中を隔絶して、下田はその南端にあり。一旦変起らば、陸路兵を出だすも、礮隊《ほうたい》は嶮の阻《はば》むところとなりて、もって行くべからず。海路はすなわち我に堅艦なし。他日たとい造作するを得《う》とも、虜に海陸の形勝ありて、我は反《かえ》ってこれを喪《うしな》えば、主客位を易《か》え、攻守勢を殊《こと》にせん。計にあらざるなり。それ善く事を制するものは、常にその利をして我にありて、その害をして彼にあらしむ。』

「下田は世界でいえば喜望峰だ。海運の要の土地だ。そんな要地を開港して、外国船が出入りし、外国兵が駐屯でもしたらどうするのだ。

更に江戸はわが国最大の都市だ。人口も多い。米穀や布帛つまり『衣食』はみな海運による。何かの時に海上を封鎖にでもされたら、江戸が成り立たなくなる。伊豆半島は天城峠という険所が真ん中を分けて、その南端にあるのが下田である。一旦下田で異変が起こったら、陸路で兵を出すのも、砲兵を出すのも阻《はば》むところにある。海路で行こうにも、外国に対抗する軍艦はわが国にはない。この様に下田を占領し、海上を封鎖した外国軍の方に利があるような場所は、開港してはいけない。」

下田は世界で言えば「喜望峰」だとする見方こそ、実践的に物事を見る象山の独特の見識である。

何故「喜望峰」が重要かを、「海防に関する藩主宛上書」で次のように言っている。

『既にイギリスの所領阿弗利加《あふりか》州の南端に、唐山人の喜望峰《きぼうほう》と訳し候場所有レ之候所、西洋諸州の海船、必ず此所の海浜を経《へ》候はずしては、亜細亜《あじあ》州に往来仕候事不レ能候。然る所、何国の舶にても、右の近海を断《ことわり》なしに通候節は、其舶を引留め其子細《しさい》を相糺《あいただ》し、事誼《じぎ》に依り候ては其舶を奪ひ取候由、夫《それ》と申もの、畢竟《ひっきょう》彼れに人を制服《せいふく》仕候程の武力御座候故と被レ存候。』

「既にイギリスの所領になっているところのアフリカ州の南端に、中国人が喜望峰と訳している所がある。西洋各国の船は、ここを通らずしてアジア州に行くことは出来ない。そこで、何国の船でも、右の近海を断りもなく通る時は、その船を停止させて、詳細を糾弾し、ことの次第によっては、その船を奪い取るといわれている。そういうことが出来るのも、彼らには、服従させることが出来る武力があるからなのだ。」

そこで象山は、下田に代えて横浜を提案する。

『一旦《いったん》已《や》むことを得ずして敵に地を借し地を与え候とても、従来我力を以《もっ》て制し得易き所を撰び候事、当然の事と存じ奉り候。是等《これら》申候迄もこれ無き御同案の義に有るべく御座候えば、何分にも御力を尽し、早く下田の義御延引に相成候様、御計策祈る処に御座候。其地を以て横浜等の近地に改め、碇泊の洋船を望んで勾践《こうせん》（越の王）が朝暮の胆と成し候わんこと、又是《これ》に継ぐの一策にて御座候。先夜も仰せられ候通、近地と申す処、当今の大禁忌に有るべく御座候得共《えども》、其大禁忌にて候故に対症の大良薬と為し候義に御座候。……』

わが国が扱いやすい江戸から近い所を選ぶことは当然の事と思う。下田に決定するのを引きのばしにしたらどうか。こうした難事が来ることも腰の定まらぬ幕府にとっては「大良薬」ではないだろうかと言っている。

⑪ 吉田松陰密航事件に連座

象山は、西洋を学ぶほど、「もっと西洋を知らなくては」という思いが強くなるばかりで、その唯一の方法こそ、若者を西洋へ行かせて学ばせることであった。

幕府の渡航の禁は想像以上に厳しかったが、ジョン・万次郎の件を見て、これはチヤンスが来たのではないかと思った。

天保十二年（一八四一）土佐の漁民であった万次郎が出漁中遭難して鳥島に漂着し、米国の捕鯨船に救助される。

マサチューセッツ州ニューベドフォードに行き船長の好意で学校教育を受けて、嘉永五年（一八五二）に帰国。帰国後は幕府で外交書簡の翻訳などを行っていた。罰せられるどころか採用されたのである。

しかし幾多の困難が予想される。それを乗り越えてやり遂げる境遇と気概の持ち主は、自分の弟子の中では一人しかいない。

それが吉田松陰であった。

当時松陰は脱藩の罪で士籍を奪われている境遇にあったし、その脱藩も、江戸へ出ていた松陰が宮部鼎蔵《ていぞう》や江幡五郎と東北旅行の約束をしていた。当然江戸を離れるのには藩の許可が必要で、それを待っていたがなかなか許可が出ない。〝男の約束、厳守すべき〟とばかり旅行に出たことが脱藩とされたのである。

〝熱い男〟なのである。

そこへペリーが再びやって来る。安政元年（一八五四）のこと。松陰は早速、行動を起こす。ペリー艦に乗って米国へ行ってしまおうというのである。

米艦にも乗り込んだし、ペリー艦の通訳にも志を訴えもした。

しかし結果は、不幸にして願いは容れられなかった。江戸に送られ伝馬町の獄に入れられたのである。

取り調べの末に、松陰を指図してそそのかした人間として象山も投獄されたのだ。

⑫蟄居を命ぜられる

象山と松陰に判決が出る。

象山「真田信濃守家来へ引渡在所に於て蟄居申し付ける」

松陰「父杉百合之助へ引渡在所に於て蟄居申し付ける」

国禁を犯したにしては軽い判決となった。

これは、象山の最大の理解者であった川路聖謨が阿部正弘を動かして、この事件の取り調べ責任者であった江戸北町奉行井戸対馬守に内々の命令を下した結果だと言われている。

川路、阿部二人の象山の評価が高いのは、これまで再三再四、幕府運営の責任者としてこの難局に当たって来た二人にとって、象山は誠に頼りになる存在であった。ここでこの日本人には珍しい知力の持ち主を失ってはならないという思いが強かったのではなかろうか。

松陰についてはその救国の念が理解されたということだろう。

松代に護送された象山は、ひとまず姉の北山家へ落ち着き、自身の家が松代地方にあった地震のために老朽化したこともあり、家老職で常に象山の理解者として後ろ盾になってくれている望月主水の別邸を借りることにして、ここに移り住んだ。

広大な敷地の美しい庭園が広がる快適な住いであった。

象山の使用した二階の八畳間からは、川中島の風景が一望されるので、象山はひどくこの家を気に入って「聚遠楼」と名付けた。

帰国した象山が、まず行ったのが、獄中でメモにした、このところ感じていること、「所感」を文章にすることであった。これが「省諐録」である。

象山の論文は、と言えば、常にこの書が出てくるように、象山の考え方を知る最良の資料である。これを残してくれたことを、感謝するばかりである。

さて、この蟄居の期間、象山は何をしていたのか。

徹底して行ったと思われるのが、洋学の原書（オランダ語版）の膨大な分量を読破したと思われる。

勿論兵法書や武器に関するものが主であったと思われるが、その文献の深さ、広さ、つまり西洋の戦略戦術論の幅広い流れと、その具体的な活用の実態などについて、詳細を極めたと思われる。

その中で、クラウゼヴィッツの戦争論のオランダ語訳を手に入れ読んでいるということだ。（源了圓著「佐久間象山」Ｐ１５９）

象山の記述の中には、度々漢籍の兵法書「孫子・呉子・六韜・三略」などの引用や影響がとても多いが、西洋戦略論の基本を成す「戦争論」も頭に入っていたとすれば、例えば孫子読みで有名であった英国の戦略家リデル・ハートの戦略論、空軍力の開発と機甲化された部隊の調和によって効果的な機甲戦を生み出した戦略論のような、画期的な戦略論を生み出した可能性も思われる。

砲術と易経の関係を見事に立証した象山のことだからこそ、大いに期待されるのだ。

もう一つ象山が熱心にやったことに「迅発撃銃《じんぱつ》」元込銃の開発である。

当時日本は未だ火縄銃が主であった。雨天の場合には戦力がガタっと落ちてしまう。しかもこの元込銃は西洋製と比べて、その装弾時間が三倍も速いというもので、これが広く一般に装備されれば、日本の防備は格段に上がったことだろう。

蟄居中で特に触れておくべきこととしては、長州の高杉晋作が訪ねてきたことだろう。

先にも触れたが、象山と松陰の関係こそ江戸の師弟の関係とはどうであったのか。更に松陰と高杉晋作との関係もよく実感できるので、もう一度取り上げてみよう。

蟄居であるから他人と面談するなどということは許されない。特に他藩の人間である。そんな中を何とか掻い潜って高杉は会いに来た。

そして松陰の遺言とも言うべき手紙を象山に差し出した。この時松陰は、既に処刑されてこの世にはいない。

松陰の手紙には次のようにあった。この手紙については既に述べたが、重要なのでもう一度触れておこう。

「――（前略）先生願はくは憐《あわれ》みを垂れたまへ。高杉暢夫は、僕より少《わか》きこと十年。

学問未だ充たず、経歴も亦た浅し。然れども強質精識、凡倫に卓越。常に僕を視て師と為す。而して僕も亦之を重じ兄と為す。」

自分の弟子の中でも「強質精識、凡倫に卓越す」、強い意志と高い学識をもって、抜きん出でておる者です、と高杉を紹介し、「伏して願わくば先生教えを垂れよ」として、三点の問いが挙げられていた。

「幕府・諸侯何《いず》れの処をか恃むべきか。

神州（日本）の恢復は何れの処にか手を下さんか。

丈夫（志士）の死に処は何れの処が最も当たれるか。」

⑬ 蟄居赦免・天翔る

文久二年（一八六二）五十二歳、蟄居が赦免となる。

しばらくして象山は新年の挨拶も兼ねて登城した。そして何と藩の重職居並ぶ前で次のような苦言を呈した。

「藩政が不振を極めているのは、家老の家に生まれた者は、馬鹿でもたわけでも家老になるという制度が悪い。元来賢者が上にいて、愚衆を指導するからよい政治が生まれるのだ。松代藩の現状を見るに、その器でない愚者が家老に座っている。これでは藩政の沈滞も当然である」

象山でなければ言えない正論であるが、当然受け容れられるところとはならない。

さてこれから象山は何を行うのか。九年にも及ぶ蟄居は晴れて赦免になったのである。

翌年の文久三年（一八六三）に弟子の真木和泉の推薦により京都御所の飛鳥井《かすがい》大納言雅春から、「象山に御所からのお召しがあったら応じるかどうか」の問い合わせが藩の京都留守居役にあった。象山は大いに喜び、応じる決心をした。

私たちは、歴史をよく知っているから、象山がこの翌年京都において刺客に会い非業の最期を遂げることも知っている。

歴史は実に非情だが、われわれは、象山がその結末に向かって進んでいく。近付いていくのを追わなければならない。

御所からの問い合わせは、京都の政変により取り止めになって、象山は落胆した。

しかし元治元年（一八六四）になって、今度は京都に滞在中の十四代将軍家茂《いえもち》から上洛を促してきた。

その頃また沸騰してきた攘夷論を、象山の開国論で説得させようとした。また並び立つ人のいない西洋通であり、軍事学の大家であった象山に、諸件の指導を仰ぎたいというものであった。一橋慶喜《よしのぶ》の要望とも言われる。

当時京都は最も危険なところと言われるほど、殺し合いや暗殺が頻発していた。周囲は猛烈に反対したが、そんなことで止める象山ではない。

勇躍壮途についたのである。

二条城で、正式な辞令を受けたが、これが予想外に低い処遇であり、象山のプライドをひどく傷付け、帰藩しようともした。

ここで帰藩していたら、また歴史は変わっていたが、思い直して留まることにする。そこへ山階宮《やましなのみや》の使者が来て面会を求めてきた。山階宮は〝京都に於いて第一等の人物〟と言われるほどの人で、やがてその弟君である中川宮とも懇意な間柄となり、皇室の有力者との付き合いが広がっていった。

更に一橋慶喜とも懇親を深めていた。

その頃には、最初は旅館住いであったが、やがて家を借り受け、いまは、木屋町三条上ル大坂町の大きな家に住んでいた。東は鴨川に面し、東山も間近に眺められる絶景の地で、厩《うまや》も付いていたから、象山は愛馬〝都路《みやこじ》〟と共に暮らしていた。

京都はますます物情騒然たる状況となり、天皇の身に何があるか解らぬ危険性が増したことから、皇居を彦根城に遷都するべきとの案が出てきて、象山は、山階宮、中川宮、弟子である会津藩の広沢富次郎、山本覚馬と共にこの策を推進するのである。

しかし、この策も成就に至らぬところで終わってしまう。

しかし象山には、いよいよ危機が迫ってくるのである。

⑭　象山斃れる

象山が常に馬を愛用し、その馬にも派手な洋鞍を着用し、意気揚々と京都の街を闊歩していた。

京都に滞在中に象山は蘭語を教えてくれた黒川良安が加賀藩で重用され、いま加賀藩宿舎である建仁寺にいることを知って早速訪ねた。

何年振りかの再会に大いに話は盛り上がったが、帰り、象山を見送りに出た良安は、象山が西洋鞍を使用しているのを見て、「いま京都はひどく物騒である。直ぐに日本の馬具と替えた方がよい」と熱心に勧めたという。

こうした傍若無人とも思える象山の姿だけを見ていた浪士には、その存在に反発を覚える者もいたことだろう。

元治元年（一八六四）七月十一日、時に象山五十四歳、山階宮邸から愛馬にて帰途、三条上ル木屋町通りに差しかかったところ、白昼、待ち伏せた刺客に斬られ、十三ヵ所の痛手を負って即死した。

象山は、何故斬られることになったのか。

『佐久間修理

此者元来西洋学を唱《とな》ひ、交易開港の説を主張し、枢機之方へ立入、御国是を誤候大罪難二捨置一候処、剰《あまつさ》へ奸賊会津彦根二藩に与同し、中川宮と事を謀り、恐多くも九《ここの》重《え》御動座《ごどうざ》彦根城へ奉移候儀を企《くわだて》、昨今頻《しきり》に其機会を窺《うかがい》候、大逆無道不レ可レ容二天地一国賊に付、即今日於二三条木屋町一加二天誅一畢。但斬首可レ懸《きょうぼくに》二梟木《かくべき》一之処、白昼不レ能二其儀一もの也。

元治元年七月十一日

皇国忠義士』

これは京都三条大橋の高札場に貼られたものを、松代藩士の三沢刑部丞などが剥ぎ取ってきたもので、何故象山を斬ったのかが窺い知れる。

「この者は元来から西洋学を提唱し、交易し開港するべしと朝廷の中枢に入って主張した、（攘夷という）国是を誤る行為は捨て置くことが出来ない大罪である。

それだけでも並大抵でないのに、その上、賊である会津や彦根の二藩と協同して、中川宮と事を謀り、恐れ多くも彦根に遷都することをもくろみ、昨今その機会を窺い、大逆無道の国賊に付き、三条木屋町にて天誅を加えた。」

斬られた主たる原因は、「彦根遷都」というような、天皇を自分の思いで自由に動かすなど翻弄したことが許せないというのである。

暗殺の多くがそうであるように、象山の場合も誤解に基づく要因で殺されたのである。

さぞかし、無念であったことだろう。

⑮ 象山の一生

象山の一生を一言で言うのは、誰にも難しいことだが、敢えて言えば、「日本という国を心配した一生」であったと言えると思う。

朱子学者として一流の領域に達したのも、一書生に戻って蘭語を習得し、砲術の大家にまでなったのも、その基底には日本に対する心配が常にあって、それはあたかも自分一人でも頑張れば、日本を救うことが出来ると真底から信じているかのようなのだ。

現に象山が提唱したことは、「海防八策」にしろ、「急務十条」にしろ、明治になって全て実現され、それを我々は近代化と言っているところがある。それを思うと、象山の一生の偉大さがつくづく思われるのである。

第三章

佐久間象山に学ぶ

その一　柔らかい頭脳と豊かな想像力を持て

①「先憂」とは何か

「先憂後楽」という言葉がある。

天下に先立って憂え、天下に後れて楽しめ。

范仲淹《はんちゅうえん》著「岳陽楼記」に出てくる世に名高い言葉だ。

これこそがリーダーの在り方を示したものだと言われているが、何よりも大切なのが、「先憂」である。

世の中が憂える（心配する）前に、憂えろ（心配しろ）。

誰もがこれが問題と認識してから問題としているようでは、リーダーはいらない。

皆が知るずっと前に問題を発見し、そして懸念して、そっと手を打って解決しておく。

したがって彼の「徳行」は知られることはない。

これでよい。

何しろリーダーは西郷南洲の言う次の精神で生きるべきなのだ。

「人を相手にせず、天を相手にせよ。天を相手にして、己れを尽して人を咎《とが》めず、我が誠の足らざるを尋ぬべし。」

毀誉褒貶《きよほうへん》、さっき誉めたかと思えば、もうそしるのが人間だ。そんな人間相手に生きているのは、もう止めだ。公平無私な天を相手にしよう。しかし、そうなれば、今度は自分の心の誠心誠意を厳しく問わないと、天には通じない。

「先憂」には、もう一つ意味がある。

大事や難事に対するのに最も大切なのが、大事や難事になる前、それがまだ小さいうちに潰してしまえということだ。

「老子」はこう言っている。

「天下の難事は、必ず易きより作《おこ》り、天下の大事は、必ず細より作《おこ》る。難を其の易きに図り、大を其の細に爲《おさ》む。」

要は一人だけ、随分前に〝これは大変だ〟と感じる力があるかどうかだ。

これは何処から来るのか。

まず何を見ても聞いても〝これはマズい〟と危機を前知予知できるかどうかにある。

「危機意識」だ。

その前知力、予知力は何処から来るのか。

まず、柔らかい頭脳であろう。

全てを通り一遍、既成概念、杓子定規に見るようでは、気付けない。

いつも頭を柔らかにして、〝思ってもみなかった〟という計り知れないことが起こるものだという気持ちを持つようにすることだろう。

何と佐久間象山は、ペリーが来航する嘉永六年（一八五三）の十年前、一八四二年に来航を予知して、海防意見書を、幕府老中であり海防係になった藩主真田幸貫に提出したのだ。

世に名高い「海防八策」だ。

既に象山の頭の中には、西欧列強の襲来が鮮やかに浮かんで見えたのではなかろうか。

つまり彼の頭の中には先行きの日本の危機が実にリアルに浮かんでいたから、この

「海防八策」が出来たのだ。

象山のイマジネーション能力、想像力の産物と言ってよい。

② 象山の「先憂」を見る

そうした象山の頭の中にある我が国の危機の状況がよく解るのが、「海防に関する藩主宛上書」である。この書は天保十三年（一八四二）に提出されたものである。

『乍《おそれながら》レ恐謹て申上候。

近来、□公儀《こうぎ》にて辺防之御武備に厚く被《おこころをも》レ用二御心《ちいられ》一、□御上《おかみ》にも海防御掛被《おおせこうむ》レ蒙レ□仰《られ》候御事は、定て去る亥年《いどし》以来イギリス夷、唐山《とうざん》と乱を構へ、頻《しきり》に及二戦争一候趣《おもむき》、風聞《ふうぶん》も仕候義に付、遠く被《ごしりょを》レ運二□御思慮《めぐらされ》一、万一之義御座候節、諸方狼狽《ろうばい》無レ之様御手配御座候義と奉レ存候。昔天平年間、唐山にて安禄山《あんろくざん》之変御座候時すら、皇朝にて西海《さいかい》に戍備《じゅび》を被《ま》レ増《され》候事、旧史に見え申候。右安禄山之変は唯《ただ》唐山城内のみの事に候へども、自然其与党《よとう》の者海に泛《うか》んで襲ひ来り候事も候はん歟《か》とて、斯《か》く其備を被《もうけ》レ設《られ》候義と、古代□君相《くんしょう》之御遠図《えんと》深く感服仕候義に御座候。まして此節のイギリスに於ては、その猖獗兇悍《しょうけつきょうかん》、虐《ぎゃく》を隔海《かくかい》の諸国に逞《たくまし》く仕候事、此度唐山と戦争に及び候一事にても、相分《あいわかり》候事に候へば、能々彼我《ひが》の勢を審《つまびらか》にし、格別に遠大の御心備《こころぞなえ》無二御座一候ては、叶《かな》はせられ間敷《まじき》御義と奉レ存候。当二月阿蘭陀《おらんだ》人より書付申上候始末《しまつ》、近日伝聞仕候へば、唐山頻《しきり》に利を失ひ、福建・寧波《にんぽー》等の地方既にイギリスの為に陥没《かんぼつ》仕候よし、且又先年イギリス船本邦の漂流人七人を送戻《おくりもど》し候為め、豆州《ずしゅう》海岸に近寄り候を、鉄炮を以《もって》御打払に相成候に付、右之船漂流人を広東の阿媽港《まかお》へ連れ戻し罷在《まかりあり》候処、右七人之内一人病死仕《つかまつり》、二人は此節唐山を騒し候手勢《てぜい》に相加り、其余四人阿媽港に罷在候所、其者共より本国之義を心遣《こころづか》ひ、書簡を以《もって》、イギリスの事情を長崎表迄申送り候よし、其書簡に認《したた》め有レ之候には、イギリス人此度唐山と戦争方付次第《かたづきしだい》、本邦に交易を願ひ、万一交易御免無レ之節は、先年漂流人送戻しの為め海岸に乗り寄せ候船へ、理不尽《りふじん》に鉄炮を被二打《うち》掛《かけられ》一候訳合《わけあい》を御糾《ただ》し申度《もうしたき》よしを、イギリス人申居候由、又阿蘭陀下輩の者申洩《もうしもら》し候義を承り伝へ候へば、唐山之騒乱方付次第、長崎・薩摩・江戸三ヶ所へ兵艦を差向け候様、イギリス人申居り候よし、如レ此《かくのごとき》の類尚《なお》種々可レ有二御座一候へ共、自《じ》余《よ》之義は承りも不レ仕、暫く伝聞仕候右三事を以、愚考仕候に、本邦へ対しイギリス夷の野心を懐き罷在候事は、実に相違無レ之義と奉レ存候。』

「近年幕府では、海の防備に厚く心を用いられ、上様（藩主幸貫公）にも海防掛に付くことを命じられた事は、亥年（天保十年、一八三九）以来イギリスが唐山（中国清国）と戦争になったことにより、思慮をめぐらされ、万一の時に備え、皆様が狼狽の無い様に手配されたのだと思います。

昔天平年間（天平勝宝七年（七五五））に、中国にて安禄山の変がありました時にすら、わが国では、西海（筑前の怡土《いと》城が起工された）に防備を強化されたことがありました。安禄山の変はただ中国国内だけのことでしたが、その仲間の者が日本にも襲ってくるかもしれないと防備に力を入れたのですが、古代の君主の深慮遠謀には、深く感服するばかりです。

ましてこの度のイギリスという国は、勢いのある悪辣な国で、多くの諸国を戦い取る意欲は相当なもので、この度中国と戦争になった一事を見ても、そうした国であることが解り、よくよくイギリスと我が国との軍事力の比較をつまびらかにし、格別に広く深い心をもって備えなければ、何事も叶わないでしょう。

当年二月オランダ人からの書によれば、中国は多くの利を失い、福建や寧波《にんぽー》などの地方は既にイギリスに陥落してしまっていると言います。

先年イギリス船（正しくは米船モリソン号）が日本人の漂流民七名を送ってきて伊豆の海岸に近寄った時、鉄砲を打って追い払った為に、漂流民も広東のマカオへ連れ戻したところ七名のうち一名は病死、二名は中国を騒がした手勢に加わり、残る四名はマカオに留め置かれています。この者達が日本を心配して、手紙を長崎へ送ってきましたが、そこには、イギリスは中国との戦争が片付き次第、日本へ交易を願いに来る。もしそれが認められなければ、先年漂流民を送り戻しに来た時に、理不尽にも鉄砲で追い払われたその理由を糺《ただ》したいと、イギリスが言っているとのことです。

またオランダからは、中国との戦争が片付き次第、長崎、薩摩、江戸の三ヵ所へ軍艦を差し向けるとイギリス人が言っているとのこと、こうした情報はまだまだあるのです。

わが国に対しイギリスが野心を抱いていることは、疑いのないところだと思います。」

象山はこうした情報から、西洋列強の襲来の確信の度合いを深めていった。ともに、幕府の外交の弱点や問題点についてもしっかりと問題視して指摘をする。

『年々阿蘭陀へ被二差《さし》遣《つかわされ》一候銅の義をだに、識者は昔より憂《うれい》を抱き候事に御座候。此上に、又イギリスと交易相開け候はゞ、天下有用の品を以て、ます〳〵外国無用の品と取換《とりかえ》候次第にて、天下之御大計に有二御座一間敷奉レ存候。且、一旦イギリスの交易を御免御座候はゞ、魯西亜《ろしあ》に於ても必ず黙し候ては居り申間敷候。』

まずその第一は、オランダへの銅の輸出です。言ってみれば『濫出』、不利な条件で過剰に輸出のし過ぎであり、これは既に十七世紀から抑制すべしとの意見が出ていました。

まだ長年の鎖国の為に交易自体に慣れておらず経験も乏しいので、天下に有用と思われる品を我が国からは出すが、無用なものばかりが外国から入ってくるのが現状であります。この是正が必要です。

更に一旦イギリスとの開国交易を認めれば、ロシアも必ず同様の要求をしてきます。

そうなればその他の大国の要求も認めざるを得なくなります。つまり、開国をするならするなりの準備を急ぐべきではないのかと思います。

また優柔不断な幕府の外交姿勢についても指摘している。

『文化の度《とき》、其国の使節レザノフへ被《おおせ》二□仰渡《わたされ》一候御書付も有レ之候事に候へば、手の裏を反《かえ》し候如き表裏の御国政の趣、彼れより難題を申出し候義も御座候はゞ、其節何と御答可レ有二御座一や。左候節は、又魯西亜とも交易を御開き被レ遊候はん歟《か》。』

寛政四年（一七九二）に根室に来航したロシアの使節ラクスマンに、幕府は長崎への入港を許可しました。

その許可をもって、文化元年（一八〇四）にレザノフが長崎へ来航し、長崎へ来て通商を要求しました。ラクスマンの時には、長崎へ来れば通商に応じるかの態度であった幕府は、一転これを拒否しました。外交にとっての最も重要なことは国家間の信義であります。」

それに反する行為であると象山は暗に幕府の姿勢を非難しているのだ。したがってイギリスと交易するならロシアはどうするのだと問うている。

『右之次第に候へば、旁以《かたがたもって》イギリスへ交易御免之義は相成る間敷義と奉レ存候。去れば迚《とて》、一概に御拒絶御座候はゞ、必定《ひつじょう》争乱に及ぶべく候。争乱に及び候迚も、我に勝算だに多く候へば、深く懼《おそ》れ候には足らず候へども、当今形勢を以思量《もってしりょう》仕候に、此儘《このまま》にては我の勝算至て乏しく候様奉レ存候間、此節如何様にも被レ尽《ごこくりょく》二□御国力《をつくされ》一候て、御武備を厳重に被レ建、自然と虎狼闚窬《きゆ》の心を消阻《しょうそ》し、永く生民糜爛《びらん》の禍を免がれ候様、御計策有二御座一度義と奉レ存候。』

「こうした次第によれば、いずれにしてもイギリスへ交易を許すことは成り立たないと思います。

されぱとて、一概に拒絶すれば、必ず戦争になるでしょう。戦争になったとしても、こちらに勝算があれば、深く恐れるに足らずと思いますが、当今の形勢をもって比較検討すれば、このままではこちらの勝算はひどく乏しいと思われますので、国力を尽くして、武力防備をささいな点もゆるがせにしないで、厳しく対処して、虎狼のような西洋列強のすきをうかがう心を消し去って、永く国民の疲弊する禍を免れるよう、ご計画を持たれますようにと思います。」

結局象山の意見の基底に何があるのかといえば、藩も幕府も既にない。日本という一国があるのだ。それがよく解る一節がある。

『微賤《びせん》の私底《わたしてい》、□公儀御廟堂之御大計を彼是《かれこれ》と申上候は、実以《じつにもって》恐入候義に御座候へども、外寇《がいこう》之義は国内の争乱とも相違仕、事勢に依り候ては、世界万国比類無レ之百代聯綿《ひゃくだいれんめん》とおはしまし候□皇統《こうとう》の御安危にも預り候事にて、独り□徳川家の御栄辱《えいじょく》にのみ係り候義に無二御座一候へば、□神州闔国《こうこく》の休戚《きゅうせき》を共に仕候事にて、生を此国に受け候ものは、貴賤尊卑を限らず、如何様とも憂念《ゆうねん》仕《つかまつる》べき義と奉レ存候。』

「私ごときが意見を申し上げるべきことではありませんが、外交の意義は、国内問題とは違うもので、その時（事）勢によっては、世界万国比類の無い、百代も続く皇統を危うくすることにもなり、独り徳川家の栄辱の問題ではなく、日本国自体及び日本人全体の禍福に関することでありますから、この国に生を受けた者としては、貴賤尊卑に限らず、日本人であれば誰でもが心配するべき重大事なのです。」

象山の姿勢は、最早藩や幕府というレベルにいるのではない。当時の日本人からすれば、これは取れるようで取れない姿勢である。日本国の心配をしているのだ。

当時の日本人で日本という国の上に立ってものを考えていた人間がいたことは、記憶にとどめる必要がある。

何故ならいまの時代で言えば、「世界の心配をする」ということだろう。現代の世界を見廻して、世界の心配をし「世界の世話」「地球の世話」をしているリーダーが、どれほどいることだろう。

そうした象山の姿勢であったからこそ、的確に日本の行うべき防備について考えがまとまり、「海防八策」が出来たのであろうと思うのだ。

③ 先憂からの想像力を働かせて戦略策を立てる

それでは、海防八策の一つ一つを見ていこう。

一、諸国海岸要害の所、厳重に砲台を築き、平常大砲を備え置き、緩急の事に応じ候様仕度候事。

やがて必ず列強は攻めてくる。これは絶対と言ってもよい。隣の清国を見れば明らかである。〝備えあれば憂いなし〟、防備が早急に必要である。その第一は、砲台の建設だ。日本は何しろ周囲八方が海である。要害とすべき海岸は、まず江戸城直下の江戸湾である。ここにこそ手厚い防備が必要であるとしている。

二、阿蘭陀交易に銅を差遣わされ候事暫く停止に相成、右の銅を以て、西洋製に倣《なら》い数百千門の大砲を鋳立、諸方に御分配之あり度候事。

いまオランダ貿易に使用してきた銅の輸出を中止して、その銅で西洋製の大砲を数百千門、出来得る限り多量につくって、全国の主要な港に配分するべし。

各藩の自主制などにまかしてはいけない。幕府が全力で大砲をつくる。幕府の本気度を示す事にもなり、全国的に緊張感の張りつめた状況にすることが大切だとしているのである。

三、西洋製に倣《なら》い、堅固の大船を作り、江戸御廻米に難破船これなき様仕度候事。

この海防八策の主眼とするところは、この前条二の洋式による大砲の多量製造と、この大型商船と大型軍艦の建造とにある。

特に大型船の建造は、江戸幕府スタート直後に禁止したほどで、いわば幕府政治の根幹にある政策なのである。したがってこれまでの幕府内では絶対的禁句の事項である。その禁令をいまこそ突破せよと象山は言っているのだ。頑迷固陋《ころう》の幕府役人からすれば、言語道断もってのほかの発言だろう。

四、海運御取締の義、御人選を以て仰せ付られ、異国人と通商は勿論、海上万端の奸猾《かんかつ》、厳敷《きびしく》御糾《おただ》し御座あり度候事。

海運に関する管理は、これから一段と重視すべきことでもあるから、優秀な人材をもって担当させるべきだ。外国との交易に関しても当然のこと、外国船の行き来に関してもいままでの様に、何の管理もなく彼等の思い通りであったものを、今後は厳しく取り締まって、わが国の国としての姿勢を示すべきだとしている。

五、洋製に倣《なら》い、船艦を造り、専ら水軍の駈引を習わせ申度候事。

周囲を海に囲まれているわが国の地理を考えれば、全てに砲台を構えることも不可能であるから、洋式の軍艦は是非必要である。更に軍艦があっても、それが軍隊としての力を発揮するべき組織力をもっていなければならない。となれば「海軍」を創立し、洋式訓練を活発に行わせることが肝要である。

六、辺鄙の浦々里々に至り候迄、学校を興し、教化を盛に仕、愚夫、愚婦迄も忠孝、節義を弁《わきま》え候様仕度候事。

国防の要は民度の高さにある。したがって国民の教養学力が重要となるから、全国津々浦々までに学校を建設し、国民教育を盛んにすることが重要。分けても道徳礼儀など立派な人間になる為の道義の教育が必須である。

七、御賞罰　弥《いよいよ》　明かに、御恩威益々《ますます》顕われ、民心愈々固結仕候様仕度候事。

何しろ国防の第一は、日本国民の団結力、一枚岩になれるかどうかであることを、象山もよくよく承知していたことが解る。藩を〝お国〟と認識していた時代に、日本全国を一致団結させることの重要性を説いているのである。

八、貢士の法を起し申度候事。

国家の役職にあるものの在り方をしっかり法令として定め、態度姿勢から能力に至るまでをしっかり見定め、それに応じて役職を定めることを言っている。象山の持論である「門閥制」の廃止を説いている。

この「海防八策」は、改めて読むと、まさに明治新国家の政策の土台になっていることに驚かされる。

つまり明治新国家誕生の二十五、六年前に新国家の在るべき姿の一端を、表明したのが象山なのである。

それは、例えば海軍の創立と軍艦や大砲から組織力までの海軍力の強化については、妹を象山に嫁がせて兄弟となった勝海舟の人を巻き込む特異な能力もあって、多分象山が構想したであろう「日本海軍」になったのではないだろうか。

学校制度の全国展開から貿易こそ産業の根本をなすものだという考え方も引き継がれている。

更に、この海防八策のベースに存在する、〝藩をもってお国とする〟という当時の日本人の意識から、日本全国をもって自国と認識する国家意識が、相当早い明治国家の段階で行き渡ったのも、こうしたものの影響ではないだろうか。
ペリーが来る嘉永六年（一八五三）の十年前、明治維新の二十五年前に、既に「先憂」として、国家の危機を想起し、その回避の為の国家の在り方を想像して提示するばかりか、自らの人生を費やして一途にその実現に努力し、数々の貢献を残した象山のこの「先憂」の精神と「想像力」の凄さが、その後わが国の近代化、科学技術の正当な定着と進歩を生み、明治維新の評価を高めた源泉となったのである。

④佐藤一斎のリーダーシップ論

象山が二十三歳で入門した佐藤一斎は、幕末から維新の国家危機を回避した多くの志士を育てた師として高名だが、その一斎のリーダーの在り方を説いた「重職心得箇条」全十七条の五条に、次の文章がある。

『一、応機と云ふ事あり肝要也。物事《ものごと》何によらず後の機は前に見ゆるもの也。其《その》機の動き方を察して、是れに従ふべし。物に拘《かかわ》りたる時は、後に及《およ》んでとんと行き支《つか》へて難渋《なんじゅう》あるものなり。』

機とは、弓に矢をつがえて引き絞り、パッと放す、そのパッという瞬間、その瞬間に応じることを「応機」と言うのである。

したがってリーダーは、「臨機」にのぞんでは、瞬間瞬間のタイミングを大切にすべしと言っているのだが、その時重要なことは、その後《あと》の「物事何によらず後の機は前に見ゆるもの也」だ。

例えば救急病院の救急医だ。運ばれてきた重篤の患者を救えるかどうかは、実に的確な判断と治療が必要だが、その的確な判断は、その患者の病状、傷の状態を見分ける能力にあり、それは、この傷は放っておくと三分後、どうなるか。五分後どうなるか。十分後、十五分後と「想像」して、ありありと見えるかどうかにかかっているのだ。これが見えるから、手当てすべき順番が的確に判断出来るのだ。

リーダーも全く同じで、大事故の緊急時に、何から手を下すかは、多くの負傷者、多くの破壊された現場の状態を五分後、十分後放っておくとどうなるかを想像出来るかどうかにかかっている。これを「トリアージ」などと言うが、要は、判別者であるリーダーの「柔らかい頭脳と豊かな想像力」にかかっているのである。

更に一斎は、「物に拘りたる時は、後に及《およ》んでとんと行き支へて難渋あるものなり」と言っている。

そうした緊急時には、一番障害になるのが「ものに拘泥すること」と言っている。何かに拘《こだわ》って執着してしまうと、的確な指示が出せないから、後になって「とんと行き詰まって、難渋する」ことになると言っている。

つまりリーダーは、「時には鬼になれ」と言っているのだ。

象山の師一斎も、「柔らかな頭脳と豊かな想像力」の必要性を説き、更に「鬼になる」ことの重要性を言っている。

⑤　象山の「実践躬行」の精神

「先憂」と「解決策」の為には、「柔らかい頭脳と豊かな想像力」が必要だが、そこで終わってしまっては、何もならない。

そこで重要となるのが「実践躬行《きゅうこう》」である。「躬行」とは、口で言ったことを、自分一人から実際に行うことである。

これが無ければ、全てが無に帰すのであるが、これがなかなか行えないのが人間である。

現代では、計画者と実行者が分かれてしまっているが、計画者こそが実行者にならねばならないと、象山は示している凄さがある。

海防八策を提言した象山は、直ぐに実践に移る。

当時、砲術の第一人者と言われた江川坦庵太郎左衛門を訪ねるのである。その時の様子を天保十三年（一八四二）の加藤氷谷宛の手紙に書いている。

『然る所、近日の事に候が、寡君《かくん》も海岸防禦の掛りを命ぜられ候て、種々苦心被レ致候事に御座候。右に付、拙者にも内意有レ之、此節専ら外国の地理人情を討究致し候。其義に付、豆州韮山《にらやま》の江川県令に致二出会一、はからずフランス法の火術の談に及び、一通り承り候処、是迄世間有来り候砲術とは格別の事と被レ存、先《まず》いづれにも、彼を知り己を知り候を兵の本と致し候事故、近来彼にて専らと致し候術を得候て、夫につきて勝を制し候義をも考へ申度、其門に入候て致二研究一候に、増す〳〵実用有レ之事どもにて、当今の武備是に過ぐべからずと存候故、寡君へも其段申候て、足軽の者を借り受、銃陣等を習はせ致二進退一候処、弥《いよいよ》面白く覚え申候。常の歩卒に打たせ候鳥銃《ちょうじゅう》も、製作異常にて、火縄なしにて打申候。風雨の節も、無二差《さし》支《つかえなく》一打《う》て申候様作り候もの也。すべて本邦之火術は、皆治世に至り候て開け、彼方之火術は、尽く乱世に機巧《きこう》を尽して組立候もの故、その相去る事数等の優劣を免がれず。近世フランス国に、ボナパルテと申希世《きせい》の豪傑御座候ひしが、此度の火術も、全く此もの抔《など》戦争間に於て利用を考へ、造り立候事と被レ察候。大砲にも種々の奇術《きじゅつ》有レ之候。乍レ然、夫等《それら》の奇術も、皆其人を待て用をなし候事にて、誰にても強敵を拉《ひし》ぎ候、と申には参りかね申候。しかる所、又其人と申もの、世に幾許《いくばく》も無レ之ものにて候へば、たま〳〵みづからも存じ候旨も有レ之、又人よりも望みをかけられ候ものに在ては、何分奮発致し候て、我神州の武備を取立て、永く戎狄《じゅうてき》の害患無レ之様、仕度《つかまつりたき》ものに御座候。

右に付、拙者にも海防の八策を設け候て、内々寡君へ差出し候事に有レ之候。』

「最近の事になりますが、藩主幸貫公も海岸防禦の掛を命ぜられ、いろいろ苦心されておるようです。私にも内意があり、外国の地理や人情などの情報を検討研究するようにとありました。そうしたことから伊豆韮山の代官江川太郎左衛門にお会いして、はからずもフランスの砲術の話になり、一通りうかがったところ、これまで言われていた砲術とは全く違うものと思いました。いずれにしても、孫子の兵法に言うように、〝彼を知り己を知れば、百戦危うからず〟ということを軍事の根本としますので、近年外国で行われている砲術を得ることこそ勝を得ることと思い、江川の門に入門し、研究致したところ、これからの軍事はこれに過ぎるものはないと思い、藩主にもその事を申し上げて、足軽の者達を借り出して、西洋式の銃の取り扱い、陣形や隊列などを習わせたところ、とても良い様になり面白くなってきました。

いま一般の兵卒に撃たせている銃も、西洋の銃は異なって、火縄がない銃なのです。これだと雨風も関係なく撃てるようになっています。

すべてわが国の銃砲は、みな当たり前の世の中で使われてきたものですが、西洋のものは、乱世に考えを尽くして造られているものばかりで、わが国の武力とは、優劣の差があることは明確です。

近世フランスには、ナポレオン・ボナパルテと申す世にまれな豪傑がいましたが、この度の銃砲も、この者などが戦争の実戦の中で最も効力を考えて造ってきたものです。

大砲も種々あり、その撃ち方の技術も種々あります。それらの技術も、みなその撃ち手の人間によるもので、誰もが強敵をしのぐのではありません。その技術をもった撃ち手という人は、世間にそんなに多くいませんから、私の様に、たまたま自身その技術を知った者は、また他人から望みをかけられた者は、奮発して、日本の軍事防衛の強化のために働き、外国からの外患が無いようにしなければいけないと思っています。

その様な思いから、私も海防の八策を設けて、内々に藩主に差し出したものです。」

卓越した防備策を提出したばかりでなく、その実践さえも自らに課しているその心の底には、他人や藩主、あるいは天から期待されている者は、何としてもそれに応《こた》えなくてはならないという、象山の信念を強く感じるのだ。

これを象山流に言えば次のようになる。

『人の知るに及ばざるところにして、我独《ひと》りこれを知り、人の能《よ》くするに及ばざるところにして、我独りこれを能くするは、これまた天の寵《ちょう》を荷《にな》ふなり。天の寵を荷ふことかくのごとくにして、しかもただ一身の為にのみ計《はか》り、天下の為に計らざれば、すなはちその天に負《そむ》くこと、あにまた大ならずや。』

この自覚が象山の先憂の基底を成しているのだ。

「先憂後楽」の「後楽」の方はどうしたのかと問われそうであるから、一言しておこう。

誠に気の毒なことに象山には「後楽」はとうとう無かった。

もし象山が明治維新（一八六八年）に先立つこと四年前の元治元年（一八六四）七月十一日に暗殺（時に五十四歳）されず、明治も十年頃まで生きたとすれば、近代産業への転換のスタートを見届けて、それこそ「後楽」を楽しんだことだろう。

その二　時代と事件の根本を掴め

①　時代と事件の根本とは何か

「根本は一つ、枝葉は無数」

根っこは一つであるが、枝葉は無数にある。したがって枝葉を対象としている限り、無数の事象を扱わなくてはならない。それは混乱を意味し、煩雑を表している。更にそれは、そのものの本命を見逃し、本義の手前で止まっているから本質に届いていないことになる。

「君子は本を務む」

論語にあるこの言葉は、君子にして初めて根本を務めることが出来るとして、人間としての力量と、物事の把握力や理解力との関係を端的に言い得ている。

根本に到達するには、抜きん出た人間力が必須であると言っているのだ。

儒家の思想は、根本、根源を説いており、思考の方向を常に根本の探求においているると言ってよい。

宇宙は広大無辺、千差万別、甚深微妙なものであるが、朱子学の宇宙論は、天地のいまだ分かれない以前の宇宙万物の原始として「太極」を説き、これを宇宙の本体、万物生成の根元としている。

周濂渓《れんけい》の「太極説」である。

宇宙間のすべてのものは、「太極」を根源として陰陽二気と五行の働きによって生成するという世界観を体系化し、図式化したのだ。

最も複雑で錯綜したものと言われる宇宙、万物をも、根本を明確にしたことによって、体系化され、図式化されたのである。

それが朱子学だ。

しかもこの宇宙観は「易経」から導き出されている。

「易経」の最高の理解者にして、わが国有数の「朱子学者」である象山であれば、この根本思考は、ごく自然に当たり前のこととして、自家薬籠中のものであったであろう。

そのことを深く感じさせるのが、象山の次の二つの有名な主張である。

②「宇宙間に実理は二つなし」

『宇宙間実理無二。斯理所在天地不能異此。鬼神不能異此。近来西洋人所発明許多学術、要皆実理、秖足以資吾聖学。』

『宇宙間に実理は二つなし。この理のある所、天地もこれに異なる能わず。鬼神もこれに異なる能わず。近来西洋人の発明するところの許多《きょた》の学術は、要するに皆実理にして、まさに以《もっ》て吾が聖学を資《たす》くるに足る。』

「宇宙に真理は二つない。一つしかない。天地も、神も、多くの聖人たちも、この真理を説いているのだ。

近来の西洋人が発明した多くの学術は、要するにこの真理から生み出されたものだ。だから私が学んできた聖人の学（朱子学）をたすけるものである。」

根本、すなわち真理の探究を繰り返してきた象山からすれば、西洋だ、東洋だと言うより前に、それらはこの宇宙の真理に基づいているものなのだと言っているのだ。敢えて言えば、西洋だ、東洋だと対比対立的に見ては、物事の根本が見えない。根本は一つで、根本には、西洋だ、東洋だという区分は、最早ない。

この考え方を解りやすく表現したのが、次の主張である。

③「東洋道徳、西洋芸」

『東洋道徳西洋芸　匡廓相依完二圏模一　大地周囲一万里　還須レ虧二得半隅一無

《東洋の道徳、西洋の芸、匡廓《きょうかく》あひ依りて圏模《けんぼ》を完うす。大地の周囲は一万里、また半隅を虧《か》き得べきやいなや。》

末句の意は、道徳芸術相済《すく》ひ候事、譬へば亜細亜《あじあ》も欧羅巴《よーろっぱ》も合せて、地球を成し候如くにて、一隅を欠き候ては円形を成し不レ申候、その如く、道徳芸術、一を欠き候ては、完全の者にあらず、との考に御座候。』

「東洋道徳、西洋芸」

東洋は精神道徳を重視し確立している。

西洋は、芸とは技術、西洋は技術を重視し確立している。

技術とは、理論や知識を実地に応用して人間生活に役立たせる方法や手段だ。

『匡廓あひ依りて圏模を完うす。』

匡廓とは、版木の枠のこと、これが左右くっついて、圏模とは、円形の形が完成する。

西洋という半球と、東洋という半球がくっついて球体（グローブ）を形づくり、地球となっているのだ。

半球を欠いては地球にならない。道徳だけだと、ものは何も生まれない。技術だけだと、何の為の物だか判然としないものばかりになる。

道徳と技術二つ合わさって完全になる。

アジアとヨーロッパ二つ合わさって地球が出来るのだ。」

東洋だ、西洋だと言っている時ではない。両方が合わさって地球と言うのだ。

象山は、グローバライゼーション、地球規模の視点の重要性を言っているのだ。

いまから百六十、七十年前に、本質、根本は地球規模の視点にあるのだ。これからはこの視点をもって国家経営を行う必要があると、二十一世紀を先取りして主張している。

反対に現在、「自国ファースト」などと視点が「視野狭窄」になってしまっていることを思えば、象山が時代も超越していたことを感じざるを得ない。

何故象山にそれが可能であったのか。

それこそが「根本の探求」、「君子は本を務む」で、根本思考に徹していると、本質がどうしても見えてくる。本質は一つで不変。どの様な時代になろうと変わらない。したがって象山はこの根本思考が身に付き、これをもって持論を確立することが出来たのである。

④ 象山の最大の貢献

佐久間象山の幕末期における日本社会に対する最大の貢献は、わが国の伝統的思想でもあり、当時の知識層の精神的支柱でもあった儒学を、旧来の解釈を改め、人類共通の普遍的価値にまで高めたことと言っても過言ではないと思う。

もっと言えば、西洋近代思想をも抱含する論理を、儒学の再検討により生み出したところにあるのだ。

それは、論理的に、検証的に西洋列強の襲来を、いわば冷静に捉えたことに始まる。西欧列強の襲来を、ただ単なる国家の国力、武力不足による危機とだけ捉え、結局神国日本の神の加護を頼りにする為の狂信的国粋主義に走ってしまうのが、大方であったことを思えば、珍しい日本人と言える。

私の知る限りでは、二人しかいない。

もう一人は、横井小楠である。

横井も、西洋思想の東洋思想に対する挑戦と捉えた。そこで行ったのが、儒教の根本的な捉え直しである。代表的政治論である「書経」の深読み、洋の東西を分かつことなく、人類共通の指針を探り出し、「東洋思想で西洋思想を羽包《はぐく》んであげよう」としたのである。

横井の国家構想はここから始まり、ここが基底を成している。

象山も同様に、西洋近代思想、合理主義科学と儒教を戦わせて、その両者を乗り越えた普遍的在り方を掴み取ろうとしたのである。

弁証法の意見（定立）と反対意見（反定立）との対立と矛盾を通して、より高い段階の認識（統合）を得る、「定・反・合」によって解決をしようとしたのである。

こうしたことにより、何よりの成果は、旧態依然に陥りがちの儒教の、時代的要求に合致した革新的な在り方が求められたことである。

後で触れるように、これこそが「明治啓蒙思想」を生み出すのである。

明治啓蒙思想団体として名高い「明六社」は、象山の弟子の多くが加わっていることでも知られている。

ここに象山の歴史的偉業と言ってもよい働きがある。

これこそが象山の「事件の根本を掴む」という精神が活かされ、表面的な武力闘争から、思想対決へ転換するという画期的な解釈が行われたのである。

人間の行動の根本は何か。

その人がどの様な〝考え方〟の持ち主かによるだろう。

行動の根本は思想にある。

したがって、危機の解決の糸口こそが、思想の解明にあり、相手の思想とこちらの思想の対決にある。

「テーゼ」に対する「アンチテーゼ」により見付かった矛盾を乗り越えた止揚（アウフヘーベン）したところに、「ジンテーゼ」があり、全く新しい世界が現出することを、象山は多くの弟子に示したのである。

⑤「攘夷論」全盛の世の中

ペリー来航前の日本は、つまり象山が「海防八策」により国家の危機を喚起し、科学技術に対しては、こちらも科学技術をもって対抗しなければ、危機を払拭出来ないと、具体的戦略を提示したその当時のわが国は、一体どの様な状況にあったのであろうか。

「攘夷論」全盛であった。

西欧諸国を自分達より卑しく見て未開の蛮族として扱おうというのが「夷狄《いてき》論」であり、自分の国が世界の中心で周辺国は属国であると見るのが「中華思想」である。

これらが国学に基づく国家意識と結び付いて、民族的運動にまで高まっていったのが「攘夷論」である。

もともとは、列強諸国が、産業革命などの成果で造船技術や操船技術を一変させ近代化することによって、海の交通を重視し普及させてくると、当然のことながら、薪や水、食料などの補給の必要が出てくる。つまり鎖国をしている日本に開国を迫ってくることになる。

それまでは文政八年（一八二五）幕府が発した「異国船打払令」によって、外国船に対しては無差別に砲撃して撃退せよと命じていた。

ところが、清国のアヘン戦争などにより対外的緊張が厳しくなると、幕府は天保十三年（一八四二）に「薪水給与令」を出して、薪や水や食料の提供は許すことになる。

しかし、攘夷論はますます高まっていくのである。

そうした時象山は何を主張したか。

象山は「時代の根本」をよくよく見たのである。

太平洋、日本近海をこれだけの量の船が行き来しているということは、「時代の転換」を表しているのではないか。船による海上交通が当たり前の時代が来る。この流れは押し止められない。

鎖国で目を閉ざされていたが、「海洋運輸時代」が来たのではないか。となれば、海に面していない国は不利になるが四方を海に囲まれた日本は、むしろ有利になるのではないか。

更に今日的に見れば、世界は海路によって緊密な関係になる。「外国との貿易の時代」が始まるのではないか。

つまり「グローバル時代」と象山は見た。

鎖国などしている時ではない。あらん限りの力を投じて、「海に乗り出すべきだ」と主張した（海防八策）のである。

象山は常に「時代の根本」を見る。だからこれからの時代が予知できる。だから革新的な構図がどんどん出てくるのである。

「根本を掴む者の強さ」である。

象山が見通した通り、ペリーが来航して開国を迫った。そして安政五年（一八五八）大老井伊直弼はアメリカ総領事ハリスとの間で「日米修好通商条約」に調印して日本は開国をした。

本来なら、朝廷からの勅許が必要だが、得ないまま調印を断行したことによって、幕府攻撃は厳しさを増し、「尊王攘夷」へとなっていった。

そしてやがて、「文久三年八月十八日の政変」となる。

長州藩を中心とする尊攘派が朝廷を動かし攘夷親征、大和行幸の詔を出させたことに対し、公武合体派の薩摩藩が、京都守護職松平容保などとはかって、朝議を一変させてしまう。

長州藩は三条実美などの公家七名と共に国へ逃れた。これが有名な「七卿落ち」だ。

更に長州藩は、この年の五月十日に下関海峡を通過する米商船を砲撃していた。

米仏は幕府に長州藩の処罰と賠償を要求したが、幕府は全く無力であったので、翌年元治元年、一八六四年に米仏英オランダ四国艦隊が下関を砲撃する。

長州藩は降伏する。

これで西欧列強の軍事力の凄さを実感したこともあって、攘夷論は急速に萎《しぼ》んでしまい、むしろ各藩は列強に接近しだすのである。

そして討幕へと進むことになる。

象山が何年も前に予測した通りになったのである。

しかし象山の関心は、そこにはない。根本の探索にあった。

⑥ 人間の思想と行動

人間の行動の源泉は何か。

その人の持つ〝考え方〟、つまり思想である。

しっかり見なければいけないのは、まずその思想の何たるかであると象山は考えた。

これは既に先に述べたが、象山はこうも考えたのである。

近代西洋思想という思想をよくよく理解すれば、彼等の行動は、そこから出てきているのだから、その根本がよく解る。根本がよく解れば、打つ手も自然に出てくる。

象山がまず理解したのはこの様なものであった。

こうした象山の考え方が如何に通常の日本人と違うか。繰り返しになるが、触れておこう。

一般の多くの人々は、西洋列強が強大な軍艦で攻めてきた。

さぁどうするか。

武力ではどう考えても敵《かな》わないとなれば、対抗策としては精神論へ傾かざるを得ない。神国日本としての神だのみや、恐怖心を取り除く為、西欧を一段下に見る夷狄論しかない。

これが「攘夷論」である。

そうした中で象山は、西洋列強の力の源泉である近代西洋思想をまず問題視したのだ。

つまり西洋思想の東洋思想に対する挑戦と見た。

果たして彼らの力としての武力の源泉である西洋思想に対して東洋思想は、全く太刀打ち出来ないものなのか。

いや全くそうではない、と象山は見た。

得意分野が違うのである。

そこで象山の名言が出てくる。

「東洋道徳、西洋芸（技術）」

何と言っても東洋は原理原則に秀でている。それに対し西洋は技術、つまり具体的な物品にしてしまう能力には長《た》けている。

しかし、どうだろうか。

原理原則があって、初めて技術はある。

つまり、「人間の幸せ、より良い人生」というこの世の原理原則があって、初めて技術が活かされる。

ヴィジョンがあって初めてその実現の為に技術の意義が出てくるというものだ。

こういう社会でありたい、という構想があって、次に技術の出番となるのである。

技術が先行し、こういうことが出来る、こうも可能、ということが先にあって、理屈が後追いでは、真に技術は活かされない。それでは技術力が発揮出来ないと見通したのである。

象山にそう言わしめたその見識はどこから来たものなのか。まず彼には幼少期から育まれた「易経」の知識が充分にあった。

「易経」とは何か。

陰陽の二元をもって天地間の万象を説明する。八卦をもって根本とし、八卦が八卦を重ねて六十四卦を生じるが、これをもって自然現象から家族関係、方位や徳目などに当て、哲学上、倫理上、政治上の説明としている。

宇宙論から人生論に至る、この天地の間の出来事全てについて解明しているのである。

父の一学が特に易学を好んで、よく読んでいた。象山の二、三歳の頃だと思うが、何と六十四卦を間違いなく言うことが出来たのである。

つまり生まれながらにして慣れ親しんでいた書物が「易経」であった。

ということは、若くして易経の説く宇宙のメカニズムには精通していたものと思う。更に朱子学である。先述したように、万物の理について詳述されているものであるから、この世の原理原則については当然承知の上であった。

そうした学識をもって西洋近代思想に触れ、技術の数々を探求すれば、当然西洋の認識より深いところでの理解さえもが得られたのだろう。

したがって、われわれが象山から学ぶべきは、自己のアイデンティティからくる知見を、更に一歩二歩と深めること。深めるとは、より普遍的な根源に近付くことになるのだから、西洋だ東洋だ、日本だ米国だという相違を乗り越えることも可能になるということだ。

それであって初めて、異文化のより正しい理解にもなろう。理解あってこその習得である。

この様に象山は、夷狄観という外国を卑しんで認識する様な風潮を乗り越え、更に正当に西洋近代思想と、そこから出てくる技術、それから生み出された物品の数々をとても冷静に見詰めて、鎖国を継続することの不可能なことに、まず目覚めた。

そして西洋の技術をむしろ高く評価し、積極的に取り入れることによって、わが国の国力を強化することの重要性について主張した。

「根本を掴む」とは、こういうことだ。

合わせて象山の後の日本社会にとっての貢献について挙げておこう。

一つは、蘭学と、蘭学を通しての科学技術情報の普及である。

それまで蘭学と言えば、主に医学に限られていたと言えるのではないか。

前野良沢、杉田玄白の「解体新書」の翻訳は特に有名で医学の発展に大いに貢献した。

しかし、徐々に医学以外の分野を志す鋭意の人々も熱心に蘭学を学び始めた。

その象徴が「適々斎塾」であろう。

天保九年（一八三八）に医者である緒方洪庵が大坂に開いた蘭学塾である。塾の蔵書は物理書と医学書に限られていたが、医学以外の分野を切り開いた人々を多く輩出した。

個人で蘭学を志し、まずオランダ語の習得から始めて、蘭学書全般に渡って翻訳し、蘭学を志す人間にとって頼りになる手本となったのは何と言っても象山である。何しろ象山が蘭語習得に向かったのは、三十四歳の時である。人生五十年の時代の三十四歳と言えば晩年であろう。

晩学でありながら、驚異的なスピードでオランダ語をマスターし、原書を直接読んで、西洋流の知識を身に付け、しかも蘭学塾を開き、ましてやそれをわが国トップクラスの教育機関にしてしまうなど、後に続く人々からすれば、実に魅力的な人生に映ったであろう。したがって多くの人々に学ぶ意欲と学ぶ方法とを与えたことは、その後の日本にとっては計り知れない貢献と言えるのではなかろうか。

明治になって、国家の最大の目標は、「産業革命」を西欧諸国並みのレベルの能力をもって成し遂げることであった。

明治五年（一八七二）の学校制度の制定に際し、大久保利通は、当時のわが国のリーダーにとって何が急務であるかを表した、有名な言葉を吐いた。

「国民総技術者たれ」

産業革命のカバーする範囲は、産業全般にわたっていたから、とても広範にわたる。

したがって、産業革命を実施する為にも多量の技術者が必要であったことは理解出来るが、要はその後である。新しい技術の固まりである各産業機械を、滞《とどこお》りなく動かし続けるには、もっと多量の専門知識をもった技術者が必要となる。

日本国民の殆《ほとん》どが技術者になっても、まだ足りない。

唯一の助けは、若者が次から次へと参加するかどうかである。

その為に必要不可欠なのが、新しい時代の新しい考え方、つまり開明欧化思想を国民レベルで当たり前のこととして理解させられるかどうかにある。

つまり国民レベルでの封建思想からの脱皮、西洋的考え方への転換と普及である。

この象徴的団体が「明六社」である。

明治六年（一八七三）に結成されたのでこの名が付けられた。

主要メンバーには象山の弟子が多いのである。

主なところは、
西村茂樹　文部省、宮内省で国民道徳を提唱する。
津田真道　日本で最初の西洋法律を書いた人。
加藤弘之　立憲政体論を初めて日本に紹介した。帝国大学総長。
こうした人々がいて、明治新国家は国民の支持が得られたことを思えば、象山の功績は永続性をもって評価せねばならない。

その三　自分の強味はトコトン活かせ

①　象山の知見の凄さ

象山は三十歳にして、日本の中心江戸において、「江戸名家一覧」に載り、朱子学者として一応認められた。

三十二歳にして幸貫公が海防係になり象山を顧問とした。江川坦庵から西洋砲術の詳細を聞いてその凄さに感激し、入門することになった。

三十三歳にして下曾根金三郎の門に入り砲術の習得に励む。

三十四歳にして、蘭語習得の必要性を痛感し、坪井信道を通じて黒川良安《まさやす》を識り、同居して学ぶ。

以上が象山が蘭学者へ転進する道筋である。

三十七歳、つまり砲術修業に下曾根の塾へ入ってから4年後に藩命に依って大砲を数門造り、松代で試射をするのである。

たった四年余りの勉強で、大砲造りなど出来るのだろうか。使用可能の大砲、もっと言えば、試射可能の大砲を造ることが可能なのか、という問いである。

現に藩命によって、オランダ人ベウセルの著書に依って三ポンド野戦地砲一門を鋳造して、松代の西の道島で試演をやって見せた。先述したように、「之れ恐らくは邦人が原書に依って洋式の大砲を鋳造した最初であろう」と宮本仲著「佐久間象山」は言っている。

ついでながら続いて次の文章があるので紹介しておこう。

「先生は長尺のカノン（加農）砲を地砲と云ひ、最も砲身の短いモルチール（臼砲）を天砲と名づけ、其中間の長さの砲ホウキッスルを人砲と呼んだのである。」とある。

自分で名前を付けるということは、その砲の性格や特性を熟知しなければ出来ないことであろう。

更に言えば、銃砲の全体図、種類と用途による区分による全体を知らなければ、とても出来ることではない。

蘭語を学び、原書に直接当たることが可能になった象山にどの様な変化があったのか。

チールケの兵書、カルテンの砲術書を読み、特にベウセルの砲術書を読んで、これまでにない知識を得たと言っている。

八田嘉右衛門宛弘化二年六月二七日の書簡
『（前略）西洋火術なども先達て江川殿へ便り候てその極意と致し候ボンベン等の傳授をも得候へども西洋火術と申もの中々手廣の事にて其原書を讀み發明仕候へば江川殿心得られ候位の義は僅か高島何がしの傳へ候のみの略々の法にて西洋軍爭實地に掛り候術の百分の一にも足り不レ申候に付致二發憤一——。』

「西洋火術を先に江川殿に頼り、その極意とするところのボンベン（耳つき石榴丸）等の伝授も受けましたが、西洋火術というものもなかなか幅広いもので、その原書を読んで知ってみれば、江川殿が心得られておられるくらいのものは僅かな範囲、高島何がし（秋帆？）が伝えた内容も、西洋軍事学の百分の一にも足りないことが解り――。」

原書に当たって初めて開眼したと言っている。

特にベウセルの砲術書には、象山の知見の集大成とも言うべきことが満載されていた。その一端を見てみよう。

松代藩では砲学局を設け、鉄砲造りを行っていたが、いよいよ大砲というべき五十ポンド砲を鋳造することの検討を行っていた。そこへ象山が江戸から帰ってきたので、幸貫公は早速象山に意見を求めた。

象山はベウセルの説を引用して、小砲のかえって有利なことを説いた。

ここは象山の説明に、直接当たってその専門的蘊蓄《うんちく》の凄さを感じてほしい。その砲学知識の一端に触れることが出来る。

『近来西洋にて大銃の區別を三通りに立て申候　但し船中用ふる所を除て陸地に用ふる所のみを申候也　然れども其實は二通り也其一をフエルドゲシキユットと申候行軍野戰の銃と申事に御座候行軍野戰には輕便の器に非ざれば其利少く候故に其心して銃砲をも造り申候口徑十六ドイムのホウヰツスル（一ドイムは本邦曲尺三分二厘八毛九糸二四八にあたる也）短き十二ポンドのカノン（口徑十一ドイム九九）短き六ポンドのカノン（口徑九ドイム五二）短き三ポンドのカノン（口徑七ドイム五二）以上四品即ちフエルドゲシキユットに御座候其二其三をベレーゲリングゲキシキユット（城堡を取圍む銃と申す義也）フエスチングゲシキユット（城堡の銃の義なり）と唱へ申候用ふる場に隨て名は替り候へども其實は一に御座候廿四ポンドのカノン（口徑十五ドイム一七也）十八ポンドのカノン（口徑十三ドイム七四）長さ十二ポンドのカノン同じき六ポンドのカノン及び五十ポンドのモルチイル等これに屬し候又其銃臺にも區別御座候て各製作を異にし申候大別五通りに御座候其一をヘルドアホイトと申候行軍銃架と申義に御座候其二をベレーゲリングアホイトと申候城堡を取圍む銃架と申義に御座候其三をフエスチンゲアホイトと申候守城銃架の義に御座候其四をキユストアホイトと申候キユストは海濱の

事に御座候其五をシキツプスアホイトと申候シキツプは船と申義に御座候同じ車臺にてもその用ふる所の場に依て便利の製作有レ之候其製に從はざれば必ず不便利なる故に洋人に於ては各其尺度重量を定めて諸國普通に是を用ゐ候に御座候總て皆實事に施し候て其便利なると不便なるとを經驗いたし候故に如レ此普通の法とはなりたるにて候然るを何の經驗もなく唯一己の臆見等にて定法に率由せず苟且の所爲にては他の事とも相違致し御武備の最第一に候へば甚以濟兼候事と奉レ存候』（長文なので後略）

この時の象山の説明意見を読めば、その知見の広さと深さ、正確なことを感じるばかりである。

②　象山の知見はどこから来たか

原書を自由に読めることの能力は、その専門分野でさえ、余人を寄せ付けないほどの能力を誇示できることとなる。

その能力は、オランダ語に精通したからこそのものだ。

したがって象山は、蘭語の師黒川良安には一生師として対した。

ここで出てくる次なる問いは、では何故象山は、そんな短期間でオランダ語をマスター出来たのか。

勿論それは象山の驚異的な集中力と努力に負うところ大であろう。

それにしても、である。

私は以前に、大分日出《ひじ》藩の儒学者にして蘭学者帆足万里について調べたことがある。私が帆足万里に興味を持ったのは、「窮理通」8巻という物理学の書を、蘭書を基本に得た近代西洋科学の理解によって著した。しかし万里はそれまで蘭語を特別得意としていたのではなかったという。独学で学んだのである。

「凄い人がいるものだなぁ」

というのがその時の私の興味の発端であった。

万里の目的は、西洋科学の根幹にある「物理学」である「窮理」を探究して、その全書と言うべき総体を日本人に知らせることにあった。

③ 帆足万里を見てみよう

帆足万里は、安永七年（一七七八）豊後日出に生まれた。
象山は、文化八年（一八一一）の生まれだから三十三歳年長ということになる。
日出藩家老の父帆足通文の三男として生れ十四歳から脇愚山に師事し、学ぶこと八年、愚山をただ一人の儒学の師としていたということは、それだけ大きな影響を受けたということだ。

この愚山の最も尊敬し、師とした人物に同じ豊後の偉人三浦梅園、享保八年（一七二三）生まれがいた。梅園は自然現象に強い興味を持ってこれを探究し、自然現象の中に法則（条理）のあることを知り、これを探究する学、条理学を打ち立てた。その研究対象は、天文・物理・医学・博物・政治・経済にも及び、長崎へ出て西洋科学も吸収して自分の学を確立した。

愚山を通して万里も梅園に大きな影響を受けた。

万里が愚山以外に指導を求めたのは愚山の師である大坂懐徳堂の中井竹山と、京都の皆川淇園ぐらいのものであったから、余計に梅園への憧憬は強かった。

万里の窮理とは、梅園の条理である。

万里が正式に習ったこともない蘭語の文献を読んで、「窮理通」を書いたのは、三十三歳の時であったが「余の壮、窮理通数万言を著はす。……已にして其紕《ひ》謬《びょう》多きを以て、之を毀《こわ》つ」、多くの誤りがあったと言ってこれを捨て去ったのである。以降何回も書き直している。

この「窮理通」で万里が原点とした原書はどの様なものであったのか。同書で万里自身が引用書として挙げているものだ。


『(一)「繆仙武羅骨《ミユツセンブルーク》窮理説」(一七三九)
(二)「欠児的児《ゲルテル》地球窮理説」
(三)「某甲《それがし》窮理講義」
(四)「臘蘭垤《ラランド》天文志」(一七七三)
(五)「私密児曼《スミルマン》地理志」(一八一三)
(六)「仏郎察《フランス》人繞地球一周紀行」

（七）「魯斯《ロス》人東西洋紀行」
（八）「暗厄利亜《アンゲリア》人使支那記」
（九）「甫林仙《プリンセン》地理志」（一八一七）
（一〇）「葉胼《イペイ》分析術録」（一八〇四―一八一一）
（一一）「味爾埕奴《ウイルデノ》本草説」（一八一八）
（一二）「利説蘭土《リセランド》人身窮理説」（一八〇二）
（一三）「公斯辟爾夫《コンスベルフ》病因考」』

幕府の外国研究機関「蕃書調所」であっても当初は蘭書は十六冊しか蔵書がなかったのに、田舎の片隅とも言うべき、万里の書棚には、十三冊も並んでいたのは、入手困難の上、高額であることを思えば、驚くべきことである。

「窮理通」がどの様な書物かを知ってもらう為に、目次のみ並べておこう。

（一）原暦　中国（東洋）とヘブライ。エジプト・シリア・ギリシャ（西洋）の天文・星暦の起原発達
（二）大界　恒星、銀河についての説明

（三）小界　太陽系のこと。地球以外の星のこと
（四）地球上、地球下
（五）引力上、引力中、引力下
（六）大気　気体に関する研究。空気の組成など
（七）発気　気象学で扱う種々の問題
（八）諸生　近代科学が達した物質観の説明

④　象山の謎を万里で解く

万里のこうした驚異的な西洋理解、もっと言えば蘭語の習得から知識に至るまでは、何によって可能になったのか。

万里は、どの蘭学の流派にも属していなかったから、友人知人からの助けはない。ただ田舎の自室に籠もって、「訳鍵」「波留麻和解」のような簡単な辞書を頼りに、ひたすら読み続けた。

万里自身はこう言っている。

「四十余にして西籍を得て、之れを読む。寒郷善師無きに苦しみ、唯訳語に就きて捜索し、意倦めば則ち止む。六―七年を積み、やや其の義に通ずることを得たり。」（帆足図南次著「帆足万里」による）

六、七年蘭書にぶち当たっていれば、何か解ってくると言っているが、そうだろうか。

サミュエル・スマイルズの「西国立志編」やジョン・スチュアート・ミルの「自由之理」などを翻訳刊行して新思想を紹介した、明六社の社員でもあった中村正直は、次のように言っている。（帆足図南次著「帆足万里」）

『余即ち曰く、中年以後の人尤も宜しく他邦の語を学び、他邦の書に通ずべし。蓋し中年に至れば、則ち識見漸く高く、閲歴日に深し。此れ皆以て学問の資と為すべく、故にその進歩の速、或ひは少年に及ばずと雖も、而も学成るの後精深牢固、即ち之れに過ぐ。……吾邦の帆足万里は四十以後、訳鍵一部に由りて蘭書に通じ、佐久間象山は三十五にして始めて蘭語を学ぶ。凡そ此の類の如し（原漢文）』

「中年以降の人がとてもよく外国語を学び、外国の書に通じるようになる。それは中年に至れば、識見も高く、人生経験も深い。これらは皆学問の助けになるのです。したがって進歩する速さは、若い人に及ばないとしても、学問が成った後の精通する深さや身に習得する確かさは、それは最も優れていると言えます。……わが国の帆足万里は四十以後、訳鍵と言う辞書一部で蘭学の書に通じ、佐久間象山は三十五にして初めて蘭語を学びましたが、この典型例と言えます。」

⑤ 自分の強味を活かす

象山は既に朱子学者として一流、藩主海防掛就任に際しては顧問を依頼されるほどの識見の持ち主であった。

これこそが、蘭学、西洋軍事学の大家になった最大の要因と言える。

つまり、それまで培った見識や経験を全面的に活用したからこそのことなのだ。

換言すれば象山はいつでも自分の強味をトコトン活かしていたから、常に第一人者になったと言えるのだ。

どの様な人にも強味はある。

その強味を活かせるかどうかだ。

その為には、まず自分の強味をよく知らなくてはならない。

自分の強味とは何か。

象山をよく観察すると、自分の強味を人生の歩みとともに深めていることがよく解る。

例えば「易経」である。

幼少時、既に六十四卦を暗誦することが出来た。周囲の大人は驚いた。その反応を見て更に磨きをかけるのが象山だ。

十五歳にして一段と深入りして、辞象、その卦の意味合い。易は六本の陰陽の線――に依って出来ている。この線を「爻《こう》」と言うが、この一つ一つの爻の意味も説かれている。これ等を読み耽《ふけ》っていたという。

そのうち、歴代の儒者の「易の論」「易の解釈」を多く読んだという。

易は宇宙の総体を説いているから、その論も解釈も多様であるが、前漢、後漢以降の漢籍はほとんど読んだという。

易の大家という強味を持ったのだ。

後年西洋科学が起こって、天文学や気象学、物理学などで宇宙が解明されてくると、易の説く宇宙論との合致が多く言われるようになってきた。表現の仕方は全く違うが、何千年前に易は宇宙を解明していたようである。

言いたいところは、この易経に精通しているという強味だけでも、その後の象山の西洋理解に計り知れない助けになったことだろう。

それが解る著作が、象山にはある。

「礮卦《ほうのけ》」である。

易の論理をもって砲を解明したのである。大砲、鉄砲というこの砲と易学とが象山の頭の中で合致したのである。

⑥「礮卦」自分の強味を活かした結果

『敍

予之先君子淡水先生好二周易一。毎夕讀レ之。必畢二一兩卦一而後就レ寢。故豫二三歳時。既能耳熟。誦二六十四卦名一。稍長。受二漢宋諸家易説一而讀レ之。潜玩之久。乃若レ有レ得二其要領一焉。頃日與二門弟子一講二新礮法一。其術政與二易理一相發。躍然有二不レ可レ言之妙一。於レ是。遂演爲二礮卦一篇一。既以自警。且以示二同志一。俾レ無下蹈二危厲之地一。而自取中其咎上云。嘉永壬子陽月。象山平啓。書二于求是室一。』

「私の父である淡水先生は、周易をことの外好んでおり、毎夕これを読み、また就寝前に必ず一つ二つ卦を読んでいた。

そんなことから私は二、三歳時からこれを耳にし、六十四卦の卦名を暗誦することが出来た。その後、漢の時代から宋の時代の儒家の学者の易の説を読み、これが長い間深く心の底に沈潜して、その要点を得たと思っている。現在日頃弟子達に西洋流の新砲術を講義しているが、その術政と易の理が相発を興し、躍然として言うべからざる妙があった。そこで『礮卦《ほうのけ》』一篇を為して、自らを警し、同志にこれを示したい。」

「新礮法の術政と易理が相発を興し」

これこそが人間の凄さであり、象山ならではの作用と言えるのではなかろうか。
真の知識とはこう言うものであろう。

『敍
豫之講㆓新礮法於江門㆒。生徒稍々盍簪。或有㆑問㆓於予㆒曰。古者兵器。以㆓弓矢㆒爲㆑尚。豈非㆑以㆔他兵弗㆓能格㆒耶。自㆓銃礮流傳㆒。致㆑遠破㆑堅。摧㆑鋒陷㆑陣。弓矢失㆓其所㆑長。廢㆑之可矣。獨疑弧矢之利。聖人著㆓諸大易㆒。而今不㆑足㆔以威㆓天下㆒。後世蠻方創見之器。反可㆓以警㆑内以畏㆑外。則聖人之知。果有㆑所㆑未㆑周。而荒外侏離之氓。其才亦有㆑所㆑高㆓於聖人㆒歟。抑擬㆓礮於易㆒。何卦當㆑之。豫曰。聖人有㆑作。順㆓從風氣㆒。不㆓先㆑天以開㆑物。各隨㆑時而立㆑政。結繩以治。弧矢以威。無㆑非㆓隨㆑時焉者㆒。當今之世。微㆓銃礮㆒。不㆑足㆔以制㆓馭内外㆒。聖人豈違㆑時乎哉。周官司馬之屬。有㆓蠻隷夷隷貉隷㆒。各執㆓其國之兵㆒。以守㆓王宮㆒。亦可五以見㆕聖人大智。固有㆔以資㆓用外國之利器㆒矣。如㆓其易象㆒。則弓矢睽也。礮亦睽也。時冬夜寒烈。豫與㆑客憑㆓一爐㆒。予乃爲畫㆓爐灰㆒。以指㆓示其象意㆒。客稱㆑善不㆑已。更請㆑筆㆓之書㆒。予亦欣然頷㆑之。遂演爲㆓礮卦一篇㆒。吾黨爲㆓礮學㆒之士。苟得㆑此而玩㆑心焉。則庶四乎其可三以無二大過一矣。至下其果有レ益二於家國一否乎上。則豫所レ不二敢知一也。嘉永壬子冬十一月。象山平啓子明。書二于江門所レ居求是室一。』

「私の新しい砲術の法を塾で講義するようになって、生徒も集まってきた。ある人が私に問うて、昔の兵器といえば弓矢が最高のものであった。銃砲が伝来してからは、遠くのものでも堅固なものでも破壊し、敵をくだいて、その陣を壊滅させる。弓矢は最高ではなくなり、使われなくなった。そこで疑問に思うのは、弓矢の利は、聖人これを易に著している。ところが現今天下に有用でない。後世になって野蛮な国の発明である武器が、有用になっている。ということは、聖人の知は、この世に行き渡らないで、異郷の民の方が才は上ということか。

更に砲を易で言えば何の卦に当たるのか。

私はこう答えた。聖人は、風気に従順なので天に先んじて物を生み出すことはない。古代には古代の、現代には現代の時に随うことをしないということがない。今の世にあって、銃砲が無かったら、国の内外を治めることが出来ない。時に違うことはないのだ。周の時代の武官（司馬の属）には、蛮隷・夷隷・貉隷が採用されている。

その国の兵を執務し、王宮を守ったのだ。聖人の大きな智は、時には外国の利器を活用することもあることを見るべし。（王宮を守ることに有効であれば、外国の武器を活用することも聖人の大智なのだ。）

易で言えば何の卦に当たるのか。それは弓矢は『睽《けい》の卦』である。したがって砲もまた睽の卦なのだ。

このやりとりは冬の寒い夜のことであった。客と炉を囲んでいたので、その灰の部分にその卦を描いた。客はそれだけではもったいないので是非書にしてくれと言う。そこで私もそれをよしとして『礮卦』一篇をつくったのである。」

これによれば、誰かとの会話の中で、ごく自然に出てきた論であることが解る。つまり深く沈潜した易経の知識と砲というものが、ぶつかり合って、ごく自然に出てきたのである。象山でなければあり得ないことだ。

それでは「睽」とはどの様な卦なのか。

睽　☲☱　兌下《だか》離上《りじょう》　下澤上火　火澤睽《かたくけい》

上の☲は火を、下の☱は澤を表している。

睽とは「背《そむ》き異なる」、乖異《かいい》の意味である。

卦は兌下離上、兌は澤を、離は火を表し、上の火は炎上して上へ、澤は潤下して下へ。上下が相背き相異なる卦象を示している。礉卦では、離は火だが、兌を金属としている。

更に、兌は少女を、離は中女を表しているので、二女同居しているが、二女は嫁《とつ》ぐところを異にしているので、その志は同行しない。

卦の全体の解説である彖《たん》伝には何とあるか見てみよう。

『彖《たん》に曰《いは》く、睽《けい》は、火動《かうご》きて上《のぼ》り、澤動《たくうご》きて下《くだ》る。二女同居《にじょどうきょ》して、其《そ》の志《こころざし》、行《こう》を同《おな》じくせず。説《よろこ》びて明《めい》に麗《つ》き、柔進《じゅうすす》みて上行《じょうこう》し、中《ちゅう》を得《え》て剛《ごう》に應《おう》ず。是《ここ》を以《もっ》て小事《しょうじ》には吉《きっ》なるなり。天地睽《てんちそむ》きて其《そ》の事同《ことおな》じきなり。男女睽《だんじょそむ》きて其《そ》の志《こころざし》通《つう》ずるなり。萬物睽《ばんぶつそむ》きて其《そ》の事類《ことるい》するなり。睽《けい》の時用《じよう》、大《おお》いなるかな。』

「睽の卦象は上離火・下兌澤で、上の火は動いて炎上し、下の澤（水）は動いて潤下するので、その性は相背く。又上中女・下少女で、二女は同居しているが嫁ぎ先は同じではないので、その志は相異なる。然しその卦徳によれば、内（兌）説《えつ》・外（離）麗《り》（また明）であり、悦順して明に付麗するので、柔順の道を示している。また卦変では、柔爻が進み上って上体の尊位に居り（六五）、卦体はその六五が柔中で中道の徳を得て、下体九二の剛爻に正応である。これらの数善により、睽乖の時に当たって、なお、小事には吉の道があるとの占である。天地は天は高く地は低くしてその体は相睽《そむ》くが、二気の陰陽は升降して化育の功をなすので、その事は同じである。男女はその性を異にし相睽くが、両者は相求めて室家の願いを遂げるので、その志は同じである。万物は散殊して種々その形状を異にし相睽《そむ》くが、皆天地陰陽の和気を得て生成しているので、その事は相類している。かく睽の時に処しその用に合しているので、睽の時用はなんと至大なることよ。」

特に重要なのは次の章句である。

「天地睽きて其の事同じきなり。」

天はあくまでも高く、地は低くあるから安定している。その在り方は、高く低いのが天地であるが、天の陽と地の陰の陰陽が働くからこそ天地の間にある万物が生成化育するのだ。だからその事は同じなのである。

「男女睽きて其の志通ずるなり。」

男女は性が違うから相睽くが、両者は相求めて、家庭を営んで願いを遂げるので、その志は同じなのである。

「万物睽きて其の事類するなり。」

万物は種々その内容から形状までを異にするから相睽くが、みな天地陰陽の和気を得て生成化育しているので、そうしたことからすれば類を同じくすると言える。

「睽の時用、大いなるかな。」

睽は、その時に応じてその力を用いている。何と至大なことではないかと言っている。

⑦ 強味が更なる強味を生む

何故睽の卦が「砲」を表しているのか、整理してみよう。

二つの異なる性質を持ったものがある。

まず「治」と「乱」である。

鉄砲、大砲の性質こそが、治と乱という相睽きあう二つの要素を持っているからこそ、力を持っているのだ。

世の中を乱す要素もある。しかし乱すことが出来るからこそ、乱を治めることも出来るのだ。

したがって治と乱が攻め合っているのが鉄砲、大砲であって、だからこそ破裂せんばかりの迫力を持っているのだ。

この睽き合う力が充ちているからこそ、乱を防ぐ力を保持できているのだ。

象山は門弟達に、この武器というものが持つ性質を、より深く理解させたいが故に、「礮卦」を書いたのである。

この武器の持つ天命とも言うべき性質こそが、象山の主張である。「夷の術を以って夷を制す」ということにもなっている。

西洋列強以上の武器を持って初めて西洋列強の野心を砕き、襲来して占領するという強引な行為を抑止することが出来るのだ。

武器の天命、役割とはそうしたものだと象山は「睽の卦」を通して言っているのだ。

もう一つ意味がある。

「爆発と静止」という二つの異なる要素で成り立っているのが銃砲、大砲である。爆発のエネルギーは八方に拡散するものだが、それを一点に集中させて正確さを求めている。この相瞬き合う力が合致するからこそ力が強化されているのだ。

まさに瞬の卦こそが、武力と武器というものの性質と能力を的確に表現しているのである。

この「礮卦」にあるように、象山の幼少期より積み重ねられた知識が、常に総動員されてその後の学びを助け続けたのである。

言い換えれば、その時点での自分の強味総てを使って常に進み続けているのが象山の生き方なのだ。

更に言えば、そうした生き方が強味を更に強化するのに役立っている。これほど自分の強味をトコトン活用し続けた人間はいないのではなかろうか。

この象山の特性、生き方は、是非学ぶべきだと思う。

その四　相手の強味で相手を倒せ

①　戦略論の基本

企業戦略論などで言われることに、断然企業力が自社より上廻る競合企業があったら、戦力比較を詳細にして、まず五分五分ぐらいにもっていく。

顧客にとって購買の決め手になっている要因を探し出して、そこを顧客が一目で了解するぐらいに競合より良くする。

競合企業にとっては、強味と思っていたものが、通用しなくなるのだから、敗《ま》けた打撃は大きい。時には立ち直るのに長い時間を要することもある。

更に言えば、こちらからすれば競合企業という目標は明確だし、手本もあることになる。無用なレベル・アップも不必要だし、短時間で済む。

何と象山は、これを江戸時代に主張していたのだ。

「夷の術をもって夷を制す」

『兎に角、愚意には、夷の術を以て夷を防ぐより外《ほか》無レ之と存候。彼れに大艦あらば、我も亦た大艦を造るべし。彼に巨砲あらば、我も亦巨砲を造るべし。総てかの黄帝を師とし候に若《し》くなし、と存じ申候。古昔兵器を造り初め候は、蚩尤《しゆう》のよしに御座候所、黄帝其干戈を習用し、遂にこれを涿鹿《たくろう》の野に擒殺《きんさつ》せられ候。黄帝いかに聖徳御座候とも、敵の兵器を用ひ候に、空手を以ては克つべき術之なく候。故に、其敵の用ふる兵器を用ひ、夫を以て遂に勝利を得られ候事と被レ存候。是則ち聖智の致す所にして、彼を用ひ彼を制せられ候事、兵法の至賾《しさく》と存候。』

「とにかく、私の意見としては、夷の術を以て夷を防ぐより外ありません。敵に大艦あれば、こちらも大艦をつくる。敵に巨砲あれば、こちらも巨砲をつくるべきです。総てはかの昔の中国の王である黄帝を師とするのが最良です。

　昔兵器を初めて造ったのは蚩尤《しゆう》でしたが、黄帝は直ぐ様その兵器を習用して、遂に涿鹿の野に蚩尤を破ったのです。黄帝がどんなに聖徳があろうとも、敵が兵器を用いるのに、こちらは空手では勝つことは出来ません。その敵の用いる兵器を用い、それを以て遂に勝利を得られたのです。これこそ聖智だから出来たことで、敵の兵器を用いて敵を制すことこそ兵法の極意なのです。」

これは嘉永六年に小寺常之助に宛てた手紙である。この年こそペリーが襲来した年である。この文章の前にあるのが次の文章。

『荀子の出藍《しゅつらん》の譬《たとえ》は、思召出られず候歟。既に、此度渡来致候カリホルニア人、浦賀へ上陸の様子を、門人共親く近傍にて見ての品評に、不佞《ふねい》之致二世話一候中津藩調錬人数の内、其上等なるは、カリホルニア人の総体よりは、稍《やや》優り候との事に御座候。左候へば、果して荀子も人を欺かず、と存候事に御座候。ロシアの先主ペートルが、和蘭人を師として、遂に和蘭に劣らず、北アメリカ人、英吉利を師として、終《つい》に英吉利に勝ち候類は、御承知無レ之候義や。』

「古典『荀子』に有名な出藍の譬（青は藍より出でて藍より青し、弟子がその師匠の学識や技量を超えることを言う）があります。この度やって来たカリフォルニア人が浦賀へ上陸した時、門人達が親しく近付いて見ての品評に、私の世話する中津藩の生徒の内、その上等なる者は、カリフォルニア人の総体よりも、やや優れているとの事です。荀子の言葉も嘘ではないでしょう。ロシアのピョートル大帝が、オランダ人を師として、遂にオランダに劣らなくなり、北アメリカ、イギリスを師として、ついにイギリスに勝ったことも、ご承知の通りです。」

象山ほどの終始一貫日本人の優秀さを信じ主張した人はいなかった。技術や防備が西洋列強と肩を並べた瞬間に、この日本人の優秀さが発揮され必ず上廻るのだと言っているのだ。

象山がこうした考えに立ったのは、実はもう十年も前のことであった。藩主幸貫公に提出した「海防に関する藩主宛上書」には次のようにある。

『右八策之内、尤《もっと》も御急務と申は洋製に倣ひ数多之火器を御造立て候と、同じく戦艦を御仕立、水軍を習はせられ候との二事と奉レ存候。』

「右八策の中で、もっとも急務といえば西洋式の銃砲を造ることと、同じく戦艦を造り、海軍を教習することの二つの事です。」

しかし象山は、緊急に必要なのだから、造るより買ってしまえと言うのだ。

『其様早急《さっきゅう》之義に参りかね可レ申候へば、先づ蘭人に被二□仰付一、戦艦を弐拾艘程も御買上げに被レ遊可レ然と奉レ存候。阿蘭陀領ジヤガタラ辺に、多く海船を仕立候場所御座候由に承り候へば、日ならずして御用に相成可レ申候。戦艦之代料《だいりょう》とても、尤《もっと》も大小にも依可レ申候へども、通用《つうよう》之分《ぶん》は大抵五千両位のものにも候やの様子に、翻訳西洋書に見え申候。左候へば、弐拾艘御用被二□仰付一候ても、大略拾万両に可レ有二御座一候。扨又《さてまた》、阿蘭陀より水軍之法に鍛錬仕候もの、測量に長じ大船を扱ひ候もの等二十人、船大工十人、大小之鉄炮を造り候職人、並《ならび》に陸戦の陣法《じんぽう》に習ひ候者各五人宛も被二□召呼一候て、御旗本衆《はたもとしゅう》・御家人之内を以て水軍数十隊を御択《えら》み』

「早急のことに間に合わないので、まずオランダ人に申し付けて戦艦を二十艘ほど買い上げてはどうでしょう。オランダ領のジャカルタ辺りには、造船所もあり、日をかけないで用立てられます。戦艦の費用も、大きさによって違いますが、使えるほどの船艦であれば、五千両ぐらいのものだと西洋書にあります。そうであれば、二十艘買っても十万両で済むことです。またオランダから海軍の軍略を指導出来る者、測量に長けた者、大きな船を扱える者など二十人、船大工十人、大小の鉄砲を造る職人、陸戦の戦法に長けている者各々五人ずつ呼んで、旗本衆、御家人などで海軍数十隊をつくり……」

象山の構想は、微に入り細を穿《うが》って、とても現実的でいま読んでも、これであれば、何とか西洋列強に対抗出来る海軍力を持てるのではなかろうかと、確信を持たせるところがある。

更に象山は出費に対する手当すら考えて提案している。

『扨又《さてまた》、西洋製の大船だに御しつらひに相成候はゞ、前《さ》きの八策にも申上候通り、江戸御廻米に難破船無レ之、且又、天下之大利を興し候て、蘭人被二□召呼一、戦艦・火器等御造立御座候御失費をも、暫時《ざんじ》に取返し候趣法《しゅほう》有レ之候。兼て承候に、近頃年々に天下之難破船と申もの莫大に相成候て、年により候ては、下の関より仙台迄の間、千八百余艘に及び候事も御座候よし、当年抔《など》も聢《しか》と仕候義は審《つまびら》かならず候へども、冬の初め迄に天下の難破船四、五百艘も御座候ひし由に承候。右等莫大之難破船、其積込候諸品は、その時々尽《ことごと》く海底の水屑《みくず》と相成候義や』

「さてまた、西洋製の大船をしつらうことになれば、先に提案した『海防八策』でも申し上げました通り、江戸へ米を運ぶ船の難破がなくなり、天下の大利を興すことになり、オランダ人を雇って戦艦や火器等を造る為の出費も、暫時に取り返すこととなります。以前から聞いていましたが、近年年々全国の難破船というものが莫大になって、年によっては、下関から仙台までの間、千八百余艘に及ぶ事もあるとか、今年はどうなのかつまびらかではありませんが、冬の初めまでに全国の難破船は五百艘もあるとのことです。これらの莫大な難破船、その積み荷は、その時々ことごとく海底のゴミになってしまい……」

幕府は大型船の建造を中止し、安定性の薄い小型船を使って、物品の運搬を行っていたので、荒れた海に極端に弱く、難破船の数は予想以上に多かった。

大型船の建造を許可することにより、これ等の難破船は減少することになるので、船や積み荷を失うことによる損失が軽減されることを考えれば、大型艦船を購入したり、建造したりする費用は、充分に賄えると象山は言っているのだ。

更に、根本的な施策である法、規定を改めることについても、しっかり言及している。

『西洋製之戦艦御造立と申義、是迄□公儀之重き御規定も御座候へば、尤《もっと》も容易ならざる義とは奉レ存候へども、右之外に外寇防禦之策無レ之に極まり候はゞ、仮令《たとい》是迄如何程重き御規定御座候とも、天下之安危には難《かえが》レ替《たき》義と奉レ存候。畢竟《ひっきょう》□御先代様《せんだいさま》にて右等重き御規定を被レ為レ立候も、天下後之義を厚く被二□思召《おぼしめされ》一候ての御事に候へば、□御当代様の御物数奇《ものずき》等にて右を破らせられ候はんには、如何にも済せられまじき御義理に可レ有二御座一候へども、天下之為に立てさせられ候御法を、天下の為に改めさせられ候に、何の御憚《はばかり》か御座候べき。平常の事は平常の法に従ひ、非常の際は非常之制を用ひ候事、和漢古今之通義と奉レ存候。其上、船の御制度を御定め被レ遊候□御代の西洋夷と、此節の西洋夷とは、其用意之大小、国力之強弱等総じて懸絶《けんぜつ》仕候事、地球内諸州沿革《えんかく》之様子にても顕然《けんぜん》たる事に候へば、□御先代様と此御時節と□御代を替へさせられ候はゞ、必ず是迄の御法に限らせられ候義は有二御座一まじく被レ存候。』

「西洋製の戦艦をご造立すべきと申し上げたことですが、これまで幕府の（慶長十四年〈一六〇九〉に、西国諸大名が所有する五百石以上の大型船を没収し禁止した）重要な規定もあることなので、最も簡単には変えられないことであるとは思いますが、この外に外敵防禦の策は無いので、たといこれまで如何ほど重い規定であろうとも、天下の安危には替え難い策と思います。つまるところ、ご先代様がこの重要な規定を行ったのも、その後の天下を重要と考えられたからであり、ご当代様のもの好きなどで替えてはいけないことで、天下の為に立てられた規定を、天下の為に改めるのにはばかるところがありましょうか。平常の事は平常の法に従い、非常の際には非常の法制を用いること、日本でも中国でも昔も今も当然のことと思います。

その上、船の制度を定められた時代の西洋諸国の軍事力と、この頃の軍事力とでは、その軍事力の大小、国力の強弱など全くかけ離れていること、地球上の諸国の状態も全く変わりましたことは、先代様の時代と現代とでは違うので、必ずこれまでの法をそのままということはありません。」

大型船建造の禁止の法も、もとはと言えば、国の安泰を思ってのことであったので、西洋列強の襲来という非常の時には、法を替えることなど当然と考えるべきではないかと、象山は訴えているのだ。

② その知っておくべきプロセス

「相手の強味で相手を倒す」時の、倒すまでのプロセスが重要で、これをよく知っておくことが重要なので、ここを象山に学んでみよう。

（一）危機を予測すること

まず何よりも、危機が予測できなければ何も始まらない。象山は次の様に言う。

『此度唐山争乱に付候ての事迚《とて》も、□御廟堂之御上《おんうえ》にて御評議御座候義は、固《もと》より私底の存じ知るべき様無二御座一候へども、顕《けん》を以て隠《いん》を推し、小を以て大を察し候に、彼《か》の虎を怖《おそ》れ候譬《たとえ》の如く、遠からずして外夷の事の有レ之べき義を、真に御怖れ候御《お》方《かた》無レ之様被レ存候。果して真に御怖れも御座候はゞ、必ず是を防ぐに足るべき程の御備無レ之候ては難レ叶《かないがたき》義と奉レ存候。』

「この度の（アヘン戦争の）中国の争乱について、幕閣の方々のご評議の内容については、もとより私ごときが知ることもありませんが、表面に見えている事から内面の見えていないところを推測し、小さな事をしっかり見て大きな事を予測することは、彼の虎を怖れる譬（真に知る者だけが真に怖れる）のように、遠からずして、西洋列強の襲来はあると思い、それを怖れない人がいないようにしなくてはなりません。真に怖れるのであれば必ず防ぐに足るべき備えがなければ願い通りにはなりません。」

「顕を以て隠を推し、小を以て大を察す」

これこそが真っ先に身に付けておくべきことなのである。

そうした意味では、敏感鋭敏な感性と、どちらかといえば〝小心者〟と言われるほどの危機感がなければならないと、象山は言っているのだ。

(二) 具体的な計画を早急に立てる

そこでまず、危機を回避させるだけの解決策が必要である。いまは〝根拠無き豪傑〟ばかりが多く、ただ精神論で〝大丈夫〟と言っているだけのように思えるから、一層具体策が必要になる。

何の根拠もなく大丈夫と言い続けるのもよくないが、具体的な計画もないのに走り出すのも良くない。

象山は次の様に言う。

『敵国外患ありて、しかも本根固《ほんこん》からず、形勢いまだ成らざるに託して、進んでは果決の勇なく、退きては遷延の計を持するものは、その敵を縻《つな》がんと欲するところ、まさにもって敵に啓きて自《みず》から縻ぐに足り、その寇《あだ》を緩《ゆる》めんと欲するところ、まさにもって寇《あだ》に資《し》して自から緩むるに足る。その従容《しょうよう》補綴《ほてい》して、その捍禦《かんぎょ》の備を全くせんと欲するところのものも、またまさにいたずらに文具とならんとして、国家の勢いはいよいよ支《ささ》うべからざるに至る。しかるに古来、局に当るもの、曾《かつ》て深く省みず、家国天下を誤ること、一塗に出ずるが如し。歎ずるに勝《た》うべけんや。』

「敵国があって外患、外から攻めてくるにもかかわらず、本根、根本的な解決策も強固になっておらず、形勢も解らない状態であるにもかかわらず、何の防備も出来ていない。

進んで戦おうという決断もなく、ずるずる引き延ばしているだけ、敵を待たせているようだが、それは敵に防壁を開いて自《みずか》らの手足をしばってしまっていることになる。敵の攻める力を弱めたいと思いながら、敵の有利をつくっているばかりか、自軍の緊張感を緩《ゆる》めてしまうことになる。

動じることなく落ち着いて、完璧な防禦を考え、実施しようとする者がいても、まさにいたずらに飾りものになって国の勢いはいよいよ支えられないところになってしまう。

しかしながら古来から、その任に当たる者は、深く反省することもなく、国や社会を破壊の道に導くことをしている。何と嘆かわしいことか。」

後から見ると危機が近づいているというのに、何もすることなく、ただただ時間が過ぎていく。まるで金縛りにでもあったかのように、何も行わないという政権が何と多いことか。

歴史的に見て滅亡した国の共通のパターンなのである。

したがって、「解決の為の計画を立案する」ことが何としても重要で、これがあれば重い腰もあがろうというものだ。

象山で言えば「海防八策」である。

（三）実践躬行する

「躬」の字は、自ら身をもって実行することを言う。

まず象山は計画立案と併行して情報の収集を行った。西洋の砲術の習得である。如何に行ったか。

象山は西洋の素晴らしさの一つに、勉強したい者、学びたい者には常に図書資料が公開されていることを絶賛する。

『予の此の術を講ずるや、之《これ》を西洋の図書に得る。西洋の人は其《そ》の師友なり。西洋の人は、之を筆書して公然印行し、以《もっ》て之を異域に伝えて惜しまず。其の識量亦《また》大なり。故に吾が門に入る者に於て、吾が隠すこと無きは、子の知る所なり。又何ぞ其れ巻を以て為さんや。源泉混混、昼夜を舎《お》かず。科《あな》に盈《み》ちて後進み、四海に放《いた》る。本《もと》有るが為なり。西洋の学は固《もと》より是《かく》の如し。故に我が学も是の如し。子の学ぶ所、子の教うる所も、亦宜《よろ》しく是の如かるべきのみ。』

「私がこの術（西洋砲術）を講義するのは、西洋の図書を得て、それを読んだからです。したがって西洋人は師であり友人です。西洋の人は、自分の知り得た知見を筆書して、公開して印刷し、これをどの様な所にも伝えることの努力を惜しみません。その知識の量は大きいのです。したがって私の塾に入門した者には、私は隠すことなく私の知るところは全て伝えるのは、あなたも知るところでしょう。

それは巻物を以って伝えるのか。そうではない。それは知識の源泉はこんこんと昼夜をおかずに湧き出します。欠けた穴を満たして進み、全国に至ります。欠けることがないのは根本が有る為なのです。西洋の学はこの様なもので、だから私の学も同じなのです。あなたもそうしたことで学び、教えて下さい。」

情報収集の中には次の様なこともある。

『本邦の近海をも彼国人に委敷《くわしく》測量し、書に著《あらわ》し印刻《いんこく》仕候ものも御座候よし、且《かつ》常々阿媽港《まかお》よりシコタン（蝦夷の千島の内、イギリス人居候地）并に葛摸沙都加《かむさつか》へ往来仕候船上にても大抵熟知《じゅくち》も仕居可レ申、先年豆洲観音崎《かんのんざき》辺へ前文申上候夷船漂流人を連れ来候節、陸より鉄炮を打掛候へども、恐れ候気色《けしき》もなく、岸近き岩間《いわま》を徐々《しずしず》と乗廻し、暗礁《あんしょう》へも乗掛《のりかけ》ず引返し候始末にても、本邦の近海不レ知二案内一の義とは存じられ不レ申』

「わが国の近海をも外国人がくわしく測量し、書に著して印刷して出されているものもあり、常々マカオからシコタン、カムチャッカへ往来する外国船も、海図は大抵熟知しております。

先年伊豆の観音崎の辺りへ前に申し上げた漂流した日本人を連れて来た時も、陸から鉄砲を打ってみたが、恐れる気色はなく、岸の近くの岩場もしずしずと乗り廻し、暗礁に乗り上げることもなく引き返していったことは、わが国の近海をよく知らないということではないのではないかと思います。」

結局、西洋砲術は何の為に学んでいるのかといえば、日本の危機を回避する為で、それ等に関する情報はどの様なことでも、しっかり収集して知っておくことが大切ということだ。

したがって象山は、「西洋」という幅広い対象に対して、常に耳目を開き、どの様な小さなことにもしっかりと承知することだと言っている。

象山は、小さな事、専門的な事も興味の赴くまま、どんどん深いところへ入っていったが、一方世界全体の趨勢についても、実によく情報を収集し、承知して、それ等を統合するところから、全体的傾向、世界の流れを把握することも、しっかり行ったのだ。

次の言葉を知ると、それがよく解る。

『外国の技能芸術今日の盛なるに至り、蒸気船の便利万国に行はれ、全世界をも月余にして一周候程の事に相成候ては、世界万国の形勢、往日とは全く別物に相成、二千里三千里隔り候国と雖も比隣同様にて』

「外国の技術は今日ほど盛んになってきたことはなく、更に蒸気船の便利なことは、万国に行われ、全世界も一月もあれば一周出来るほどになり、世界の形勢は、以前とは全く別ものになり、二千里や三千里の隔っている国も、隣の国同様になった。」

つまり象山は既に世界は、「世界的規模」で把握しなければ正しく見ることが出来ないほどに接近しつつあると言っているのだ。

それは既に開国などは当り前で、世界を相手にした交流の時代「世界貿易の時代」が来たことにいち早く気付いたのである。

更に言えば、蒸気船の便利なことは、世界といっても一ヵ月もあれば一周出来てしまう距離感になった。ということは四方を海に囲まれたわが国は、俄然有利になったことを最も早く気付いた日本人でもあったのだ。

まさに象山の先見性はこうして磨かれていったのである。

現代われわれ日本人も、インターネットの時代となり、世界は驚異的に狭くなっている。

そうした中で、象山の時代と同じように、「大きな転換期」を迎え、その真只中にある。

したがってわれわれも象山に学び、「心の鎖国」を開国し、世界中の人々と交流することこそ、いまや当たり前の時代になったと思うべきなのである。

その五　転換期の要注意点はここだ

象山に学ぶことの最後は、象山も生き、現在われわれも生きている「転換期」の要注意点を象山に挙げてもらおう。

①　技術は精神があって初めて有効になる

「東洋道徳、西洋芸（技術）」

象山にとって道徳、すなわち精神の重要なことは、この名言でもよく解る。

象山は「易経」に精通している。ということは、「陰陽」にも深い理解があったことだろう。何故なら易経とは、陰陽から出来上がっているからだ。陰陽が理解出来なければ、その真髄はつかめない。

つまり象山の思考の中では、陰陽の相補的存在感が当たり前になっていたと思う。したがって何事も、ＡがあればＢ、ＢがあればＡというように、相補《おぎな》い合う関係にある〝もう一つ〟が重要となる。

わが国の資本主義の発展に寄与した渋沢栄一も同様で、経済に対し道徳が相補い合う関係にあるとして「道徳経済合一論」を主張し、「論語と算盤」を説いた。

象山もこの世の総てが陰陽で出来上がっている。それが自然であり、どちらか一方のみと言うことはないと思っていたから、「道徳と技術」を説いたのである。

『既に四書六経の教を以て其道徳を育《やしな》ひ、其道既に広く、其徳既に崇《たか》く候時は、何等のもの有レ之候て圧倒し申すべき。他の圧倒を受け候と申ものは、畢竟其修むる所の道徳、未だ至らざる故の事に候へば、自然も其懸念有レ之候はゞ、ます〳〵其徳を修め、其道を弘め候様有レ之度、身みづから其道徳を修めずして、他の学術技芸を娼《ぼう》嫉《しつし》候は、抑《そもそも》陋劣《ろうれつ》の限りと被レ存候。』

「既に四書六経の教えをもって道徳を養《やしな》い、その徳が崇高に身に付いていれば、何が来ようが圧倒されることはない。

他の圧倒を受けるのは、その人の修めている道徳が未だそう高くないからで、そうした懸念があれば、ますますその徳を修め、その道を弘めるようにありたい。自分でその道徳を習得しないで、他の学術技芸をねたみそねむことは、そもそもいやしく劣っていることと言える。」

何ごとも道徳があり、しっかり身に習得されているのが前提で、そこに他の学術技芸が加わるからしっかり身に付くのだ、と言っている。

②　特にいま重要なこと

現在われわれは、世界的規模の大転換期の真只中にいる。この大転換期は、一五〇〇年に一回という大きな転換で、その原動力になっているのが「第四次産業革命」、つまり「技術主導型の転換期」などである。

先に述べたように、ＡＩとロボットに代表されるような人間の代替としての技術、更にバイオ・ケミカルに代表される生命医学にも及び、人間世界に技術が攻めてくる状態なのである。

つまり、人間が技術に使われてしまう危険性があるのだ。

技術に、人間の心があるのかと言えば、勿論全くない。人間性も慈悲心もない技術が、人間を使うようになったらどうなるか。

人間的配慮や気遣いなど全くない上司に、人間は使われるようになる。

余計な感情（機械から見れば）が無いわけだから、合理効率性の最たるものになり、計数的業績は予想以上に上昇することだろう。

しかしその背後で多くの人間が苦しむことになる。それが、あなたのお子さんやお孫さんかもしれないのだ。

そう考えると、この象山の「技術に精神はあるのか」という問いかけは、とても大切な指摘と言えるのではないだろうか。

技術を扱う人間には道徳のある無しが問われ、精神をもって使うべきが技術であると言う象山のこの忠告は永遠不変、人間と技術のより良い関係のための必須の要件なのである。

ここまで技術の本質を見通した象山には、当然のことながら道徳及び教養が強固に身に修められていたわけで、第四次産業革命の中にいる我々の道徳及び教養のあり方を示していることでもあるので、その一端に触れておこう。

象山が川路聖謨《としあきら》に宛てた弘化四年（一八四七）の手紙には次の様にある。

『御地御聴訟《ちょうしょう》之外は御閑暇にて、四書・近思録・孫子等繰返し被レ遊二御覧一、道一編・晩年定論の非を御看破被レ遊候よし、於レ是近来の御得力《とくりょく》をも想像仕《つかまつり》、不《きん》レ勝《たん》二欽《に》歎《たえず》一奉レ存候。』

「奈良町奉行での仕事は訴訟を裁くことの外は閑暇、ひまであったので、四書（大学・論語・孟子・中庸）・近思録（朱子が周濂渓《れんけい》・程明道・程伊川・張横渠など朱子学の基本を大成した学者の言を編纂した書）・孫子（戦争戦略書）などを繰り返し読み、道一編（明の程篁墩《こうとん》の著書）・晩年定論（王陽明の著書）の非を看破した」との報告が川路から象山にあったのであろう。川路ほどの人物が勉学の報告をするとは、余程象山を尊敬していたのであろう。その報告に対する返事として「ここ近来の学力の進歩が想像され、よろこびに堪えない」と言っている。

『如《おおせの》レ仰《ごとく》四書集註・或問は朱子之定論にて、文集・語類とても、残らず人に依て教を変ぜられ候説のみと申には無レ之、中庸等の説に到りては、朱子自ら前説の非を語られ候て、其誤見せられ候所以迄をも手記して、後に伝へられ候事に御座候へば、是を一概に定論なしと論じ候は、如何可レ有二御座一や。』

「あなたが仰《おっ》しゃる通り、四書集註・或問（四書に対する朱子の注釈書）は朱子の定論であり、文集（朱子文集）。語類（朱子語類）とても、残らず人によって教えを変えている説のみというものではなく、『中庸』等の説に到りては、朱子自ら前説の非を語られたほどで、その誤った理由までをも手記して、後に伝えられたことからすれば、これを一概に定論なしと論じるのは、如何がのものかと思う。」

象山は何しろ朱子学者として、朱子の正当性を見抜き、その本質をトコトン探究した学者であるから、朱子の長所も短所もよく承知しているほどの深さにあることが感じられる。更に象山は次の様に言う。

『惟《ただ》、篁墩《こうとん》、陽明輩定論を争ひ候所は、格致の事にて、朱子之意は、程子之説に従はれ、凡《およそ》天下のものに即《つい》て其理を窮めて、智識の量を尽すと申を』

「ただ、篁墩（明の程篁墩）、陽明の定論を争う所は、格致の事（朱子学と陽明学との争点は「致知格物」の解釈に集中している）にて、朱子の意義は、程子（程明道、程伊川）の説に従われ、およそ天下のものについてその理を窮めて、智識を尽くしてと言っているが……」と朱子の本意を言い、次に自分の意見を言う。

『西洋の窮理の科なども、やはり程朱之意に符合し候へば、実に程朱二先生之格致之説は、之を東海西海北海に於て、皆準ずるの至説と存候義に御座候。程朱之意に従ひ候へば、西洋の学術迄も皆吾学中之一端にて、本より外のものにては無㆓御座㆒』

「西洋の窮理の科（物理学や自然科学）なども、やはり程朱（程子と朱子）の意に符合するので、実に程朱二先生の格致の説は、これを東方、西方、北方の国々においても、皆通用する至説と思うのであります。程朱の意に従えば、西洋の学術までも皆、私の学問の一端になり、本質を外れたものではない……」

やはり象山の根本には朱子学があり、ここに常に軸足が置かれているから、全ての理解、特に西洋近代科学の理解にも大いに役立ったのである。

その象山が「技術は精神（道徳）があって初めて有効になる」と言うのである。現代の我々にとって欠くべからざる忠告ではないだろうか。

③ 信じたことは一人でもやる

三十二歳の時、藩主幸貫が海防掛となって、象山が顧問となり、「海防八策」と「海防に関する藩主宛上書」を上申した。

そうしたことの間に、江川坦庵太郎左衛門に西洋砲術の話を聞き、ひどく関心を持った。というより、何かピーンとくるものがあったのであろう。直ぐに入門する。

以上がなければ、西洋砲術の大家佐久間象山は誕生しなかった。

象山はどちらかと言えば理詰めの人であるが、ここぞという時のために人一倍の直感、第六感が備わっている様に思う。

象山のこの独特の勘が働いたのだろう。

ここここそが自分の存在意義が輝く領域であろうと強く思ったのだ。

そこで、蘭学、西洋科学技術の探究へと突き進むのである。

修学が進めばすすむほど象山の内である一つの念《おも》いが強くなる。

既に紹介したが、「省諐録《せいけんろく》」の中にある次の言葉だ。

『人の知るに及ばざる所にして、我独り之《これ》を知り、人の能くするに及ばざる所にして、我独り之を能くするは、是亦《これまた》天の寵《ちょう》を荷《にな》う也。天の寵を荷う此《かく》の如にして、而して惟《ただ》一身の為にのみ計り、天下の為に計らざれば、則《すなわ》ち其《そ》の天に負《そむ》くこと、豈亦《あにまた》大ならずや。』

「他の人が知ることがないことを、自分独りこれを知り、人がよく出来ないことを、自分独りよく出来るということは、天の寵愛、特別の愛情を受けて自分が授《さず》かっているということなのだ。天からこういうものを授かっていながら、自分の為だけを考え、天下のことを考えないならば、それは天にそむいていることになる。その罪は大きいのだ。」

天の自分に対する大きな期待が自分にはあるのだ。それに自分は、こたえなければならない、と言っているのだ。

自分は特別の存在なのだから、自分一人でもこれをやり遂げなければならないとの強い念いの源泉である。

「自分一人でもやる」

これこそ象山の一生を貫いていた信条であることは、その一生を見れば解る。

転換期は、猛スピードでヘアピンカーブを走っているようなもので、先が見えない。先に何が出てくるか解らない。

多くの人と横一線で行けば良いようなものだが、それが出来ない。

成長期や安定期と違って、先の見えない転換期に、先に向かって突き進む覚悟を持った人は、ごくごく少ない。

一人で行くしかない。

人にさきがけて物事をなす人の必須条件なのである。

人に倍する努力の末に手に入れた朱子学者としての名声を、人生五十年時代の三十二歳に潔《いさぎよ》く手放して、蘭語の修学のため、一書生に戻って始める。

これも転換期を生きる人間としては学ぶべき点である。

更にほんの少数であった西洋砲術家の道を、最初こそ江川太郎左衛門や下曾根金三郎の指導を受けたが、その後は、原書と闘いながら解明して、それを直にものづくりの現場で実験しつつ体験し、経験を積み重ね、自分なりの創意工夫も加えつつ、「一人でもやる」との覚悟をもって、とうとう江川や下曾根を上廻る西洋砲術、西洋近代科学の第一人者になったのである。

この事も、いまを生きるわれわれが、象山からよく学ぶべき肝要な点ではなかろうか。

④ 非常時に強くて初めて名リーダー

次の詩は、吉田松陰がロシアのプチャーチンが長崎に来航したことを知り、待ってましたとばかり、プチャーチンの船に乗って西洋へ行こうと江戸を旅立つ際に送った激励の詩「吉田義卿（松陰）を送る」である。

『之子有霊骨　　この子《し》、霊骨あり
久厭鼈蘗群　　久しく鼈蘗《べっせつ》の群を厭《いと》う
振衣万里道　　衣を振るう、万里の道
心事未語人　　心事、未《いま》だ人に語らず
雖則未語人　　則《すなわ》ち、未だ人に語らずと雖《いえど》も

忖度或有因
送行出郭門
孤鶴横秋旻
環海何茫々
五洲自為隣
周流究形勢
一見超百聞
智者貴投機
帰来須及辰
不立非常功
身後誰能賓

忖度《そんたく》するに、或《あるい》は因あらん
行を送りて、郭門を出《い》ずれば
孤鶴、秋旻《しゅうびん》を横《わた》る
環海、何ぞ茫々《ぼうぼう》たる
五洲おのずから隣《りん》をなす
周流して形勢を究《きわ》めよ
一見は百聞を超《こ》ゆ
智者は機に投ずるを貴《とうと》ぶ
帰来、須《すべか》らく辰《しん》に及ぶべし
非常の功を立てずんば
身後《しんご》、誰か能《よ》く賓《ひん》せん』

「松陰、この子は霊骨、特別の天性と天命を持った人物だ。長らく凡俗の群れの中にいることを嫌う。万里の道へ旅立つ時、心の中は決して人に語らない。人に語りはしないが、臆測すれば、何か決意があるのだろう。旅立ちを送って城門を出れば、一羽の鶴が秋の空を渡っていく。海は広大なものだが、五大陸はおのずと隣り合わせにある。そこを巡って形勢を見極めなさい。一見は百聞を超える。智者は機会を捉えた行動を貴ぶ。帰って来い、新時代に合わせて。非常の功を立てよ。されば誰もが君を手厚くもてなすであろう」

この中で特に注意をするべきは、「非常の功」である。

非常の功とは何か。

答えを探る為にも、この詩に対する松陰の詩も見てみよう。

『東方有俊傑　　東方に俊傑あり
志尚素不群　　志尚素《も》と群ならず
常慕非常功　　常に非常の功を慕い
又愛非常人　　又非常の人を愛す
吾誤辱知愛　　吾《そ》れ誤《よ》って知愛を辱《かたじけな》くするも
不知其所因　　其の因る所を知らず』

（後略）

「東方に俊傑がいる。その志の高いこと群を抜いている。常に非常の功を念《おも》い、したがって非常の人を愛す。私は誤ってその非常の人としての知愛を受けた。全くそんな人間ではないのに」

「非常の功を慕い」「非常の人を愛す」とある。

平穏無事の時にはリーダーはいらない。

最もリーダーを必要とするのは、異常の時、非常時である。非常時にこそ必要なのがリーダーで、したがってリーダー必須の要件に、「非常に強い」ことがある。

非常に強いとは何か。

「有事は平時の備えにあり」と言う。

戦時、非常時の結果は、平穏安定した平時に、どれだけの準備をしたかにかかっているというのだ。

まさに象山が、ペリーが来る十年も前に、海防の必要性について訴えたこの事こそが、「平時における有事の備え」の最たるものである。

象山はしばしば言う。

「最大の防備は、敵に侮《あなど》られないこと」

軍事の専門家は、その国の防備の一部を見ただけで、全体の軍事力のレベルが即座に解るのだ。

幕府が行った江戸湾の防備、台場、つまり大砲の位置や全体のネットワーク、それに大砲の種類が一つとして合格するものはないと象山は指摘をし、こんな素人の仕事では、必ず敵に侮られると言うのだ。

つまり非常時に強いとは、先に述べた「先憂」に尽きるということだ。

これが一つ。

もう一つは、非常の事態に接して「茫然自失《ぼうぜんじしつ》」となってしまうか「泰然自若《たいぜんじじゃく》」を保ち続けられるか。

象山の師、佐藤一斎の高い評価はどこから来るかと言えば、多くの名リーダーを育てた功績と言われている。内憂外患を解決して、近代国家建設と産業革命を行うことという、四つもの大問題を見事にやり終えた明治維新の成功の要因は、どこにあるのか。
人材の豊富さにあるのだ。
ではその豊富さはどこから来るのか。
江戸の教育制度と指導者達の卓越した人間力にあるのだ。
その江戸の教育の頂点に立って幾多の名リーダーを育てたのが佐藤一斎なのである。
その一斎が書いたリーダー論「重職心得箇条」に次の件《くだり》がある。

『一、重職と申すは、国家の大事を取計《とりはからふ》べき職にして、此《の》重之字を取失《り》ひ転々《かろがろ》しきはあしく候。大事に油断ありては、其《の》職を得ずと申すべく候。先づ挙動言語より厚重にいたし、威厳を養ふべし。重職は君に代るべき大臣なれば、大臣重ふして百事挙るべく、物を鎮定する所ありて人心をしづむべし。斯《かく》の如くにして重職の名に叶ふべし。
〔後略〕（第一条）』

「一旦緩急あらば、〝静まれぇ‼〟と言って人心を静め、浮き足立っている人々を鎮定するのが役目であることを、常日頃から覚悟して、挙動言語を厚重にして、威厳を養っておけ。何しろ重職、重役は、自社の大事を取り計らうのが役割なのだ。」と言っている。

具体的にはどうするのか。

『一、政事は大小軽重《けいちょう》の辨《べん》を失ふべからず。緩急先後の序を誤るべからず。徐緩《じょかん》にても失し、火急《かきゅう》にても過《あやま》つ也。着眼を高くし惣体を見廻し、両三年四五年乃至《ないし》十年の内何々と、意中に成算を立て、手順を逐《おふ》て施行すべし。（第一〇条）』

大混乱の真只中にいて、様々なところから様々な報告や要求が来るが、直ぐにそれを行ってはならない。まず、大小軽重、緩急先後の順位づけ、区分をしっかり行い、ある程度整理してからあらあらでいいから計画を立て、次から次へと指示を出せ」と言っている。

非常時に無能では、リーダーとは言えない。非常時に強くてこそだが、強くなる為には、それなりの自己鍛錬が必要なのだ。

⑤ 理論はやってみて初めて解る

象山自身が次の様に言っている。

『小弟の凡人にまさり候所は、書上に於て研究候事、直に実事に施こし、誤りを成し不レ申候事、是は一得と存じ候事に御座候。医術なども、人に学び修業致し候にては無レ之、唯書上より悟入候事に御座候所、両三年の間に死を救ひ生を回《かえ》し、衆医の手を束《つか》ね候をも、日ならずして健康に復し候など、御在所、上田、須坂、飯山辺迄に、数を知らず有レ之候。其時々、日記を以て此表歴々の医家へ見せ候所、多く常流の及ばざる所とて称し申候。是等細事に候へども、小弟学び候所、皆実用を成し候事は、是を以ても概見すべき事と奉レ存候。』

「私が普通の人に優るところは、書物で研究したことを、直に実験実施するために誤りをしないところだと思います。これは私の長所だろうと思います。医術なども人に学び修業致したことはありませんが、ただ書物では研究し、その真髄を了解したものですが、二、三年の間に死を救って生に帰し、多くの医者が手を尽くしたものが、日ならずして健康に復したなど、松代、上田、須坂、飯山の辺りまで、数知らずあります。その時々を日記に記したものを医者に見せたところ、多く一般の医療の及ばないところと言われます。これらは小さな事ではありますが、私が学んだことは皆実施実用するところがよいことは、こうしたことからも思います。」

象山自身も言うように、理論、理屈というものは、それを実際に造ったり、使ったりして初めて、そのものの本質が解るものなのだ。

象山のようにショメールの全書を読んで、片端から造ってみてこそ、書物の理解だけではよく解らない細部や微妙な部分がよく理解され、その上その理論や理屈までもが深く理解されるようになることを、象山は自らの体験でよく知っていたのである。

その典型例が「海国図志」である。

この書は、清の魏源の著作の地理書であり、明代以後の西洋地誌や地図などが紹介されている。

アヘン戦争後の民族的危機を意識して書かれていることから単なる地理書でなく、

西洋各国の政治や兵器の構造なども図解されている。幕末日本でも刊行されて多くの志士に影響を与えたのである。

当然象山も読んだ。当初は感心もしたことだろう。しかしやがて象山の実施実験主義による理解の方が上廻り、多くの志士がバイブルの様に重んじて読み、西洋を知る上での必読書のようになっていたが、象山にとっては、様々な指摘をする対象となってしまった。

それだけ象山の学識探究の仕方が効果的であり、その探究心の凄味を感じさせるのだ。

象山は次の様に言う。

『海防の要《かなめ》は礮《ほう》と艦《かん》とにありて、礮は最も首《はじめ》に居《お》れり。魏氏の海国図識《まま》の中に、銃礮の説を輯《あつ》めたるは、類《おおむ》ねみな疎漏無稽《そろうむけい》にして、児童の戯嬉《ぎき》の為《しわざ》の如し。およそ事は自らこれを為《な》さずしては、能《よ》くその要領を得るものはこれ無し。魏の才識を以てしても、しかも是《これ》をこれ察せざりき。今の世に当りて、身に礮学なく、この謬妄《びゅうもう》を貽《のこ》し、反《かえ》って後生を誤りしは、吾、魏のために深くこれを惜しむ。』

「海防の要は大砲と軍艦とにあり、特に大砲は軍備上真っ先に手掛けるべきものである。魏源の「海国図志」の中に、銃砲についての解説があるが、おおむねみな完璧でないものばかりで、子供の遊びのようだ。およそ何事も物事は、自らそれを造ってみなければ、そのものの要領を得るものにはならないのである。魏源の才識をもってしても、そのことを察することがないのである。現代では、砲学の学識がなく、この誤りを書き残していては、かえって後の世の人々のためにならないのだ。私は魏源のために深くこれを惜しむところだ。」

魏源さえも指導しているところこそ、いかにも象山らしいところである。

ここまで象山が砲学、軍事学、近代西洋科学に精通したのも、実験実施を最優先する考え方があったればこそである。

最先端技術の多くが押し寄せている現在、書物の上、理論の上だけで論ずる学者の何と多いことか。何と言っても、自分で造ってみて、自分で使ってみての上の理解によって論ずる学者こそが第一級の人物であることを忘れてはならない。

われわれは象山に学び、この実験実施主義を身に付けようではないか。

⑥　やっぱり人材に尽きる

そして象山は、最後の最後に必要となるのは、やっぱり人材だと言うのである。「省諐録」には次のようにある。

『今の将帥《しょうすい》の任に当るものは、公侯貴人にあらずんば、すなわち膏粱《こうりょう》の民族にして、平日飲酒歌舞をもって娯《たのしみ》となし、兵謀師律《しりつ》の何事たるかを知らず。一旦《いったん》国家の急あらば、誰か能《よ》く軍士の服するところとなりて、敵人の衝突を遏《とど》めんや。これ今の深患なり。』

「いまの大将や元帥の任に当たるものは、血筋や家柄によって上の役職に居る人間ばかりなのだ。通常は飲酒遊興をもって楽しみとし、戦略や戦術の何たるかをしっかり勉強して知っている者ではない。一旦緩急国家に大事があれば、誰がよく兵士を統率し、敵の攻撃を押しとどめるのか。これこそが現在最大の問題である。」

江戸時代の人事は、門閥制度によって行われていた。したがって能力や志望などは全く問われることなく、その家に生まれ、親の後を継いだだけで社会的な地位が得られた。

勿論中には優れた人物もいたが、やはりそうでない例の方が多かったであろう。国家の運営も然る事ながら、戦いという人間究極の能力や意思の闘いとなる軍事においては、深刻な問題となる。

象山は予《かね》てより、常々次の様に言っていた。

『外夷《がいい》をして易侮《いぶ》の心を開かしめざるは、これ防禦の至要なり。辺海の防堵《ぼうと》は、みなその法を得ず。陳《つら》ぬるところの銃器は、みなその式に中《あた》らず。接するところの官吏は、みな凡夫庸人にして、胸に甲兵《こうへい》なし。かくのごとくにして夷人の侮心を開くことなからんことを欲するも、寧《いずくん》ぞ得べけんや。』

「外国諸国に攻め取ってやろうなどと易侮の心、あなどりの心を抱かせないことが、最大の防禦である。

わが国の海岸の防備は、ことごとくそのセオリーに適っていない。並んでいる銃器は、ことごとく常識に当たっていない。また、応接する官吏は、みなごく普通の人物で、立派な外交官としての心がない。この様なことで、外国のあなどりを受けないということはない。」

防衛の第一は、外国が侮りやばかにするところがなく、むしろ恐れるぐらいの力量がなければならない。

恐ろしい国と思える第一歩は、軍事に精通している国だということが見てとれること、なのである。

その為には、真に精通する人間を多く養成しなければならない。その道のプロフェッショナルが見れば、どの程度のプロ集団かなどは、直ぐに解る。

したがって、まず門閥制度を改めて、志望者優先にし、その志望者にしっかりとした教育を与えることしかないと象山は言うのである。

『先年より、其表の通事と知人と成り候も少なからず候所、日用の俗事を尋ね候へば、よく埒《らち》あき候へども、学術辺の事に至り候ては、一向の素人に等く候ひし。元来ハンドルの通弁のみ専《もっぱら》と致し候て、かつて学術辺の修業無レ之候故、其筈の事と被レ存候。本手《ほんて》に致し候なれば、其地にも是様《かよう》、彼邦のスコールに倣ひ、スコールを幾通りも立て有レ之候はねば、叶はざる事と奉レ存候。』

「先年から通訳の人々と知り合いになることが多かったが、日用の俗事を尋ねた時は、満足な受け答えが出来たが、学術に関する事になると、その辺りの素人と変わりがない。これまでは商業の通訳をもっぱらにしてきたので、学術に関する学習は無かったので、そうしたことになっている。本来の形にするのであれば、そちらに彼等外国人が言うスコール（学校）に順じて、様々なスコールを設立することをしなければいけません。」

学校と言っても専門学校のことと思われるが、教育の制度と施設が必要だと言っているのだ。

そもそも象山には、信念とも言うべき「教育観」がある。

それが最も鮮明に主張されているのが、天保八年（一八三七）二十七歳の時に家老に提出した「学政意見書」である。

その冒頭のところを読んでみよう。

『御学政之《の》義に付《つき》、御内々申上候。凡《およそ》国家を治め候には、必ず風俗を正し、賢才を養うを以て本《もと》と致し候事、聖人の大経に御座候。風俗正しからず候えば、刑罰しげしと云《いえ》ども奸邪絶えず。賢才少分に御座候えば、官職多しと雖《いえど》も事務調《ととの》わざる事と存じ奉り候。其《その》風俗を正し、賢才を生育候には、学政を振り、儒術を学び、道芸を講明し、義理を習熟致すの外《ほか》御座あるまじく候。……』

「ご学政について、申し上げます。およそ国家を治めるということは、必ず風俗を正し、賢才を養うのが根本の事で、これは儒家の古典にも説かれています。もし風俗が正しくなかったら、刑罰がしげしげと行われようと、よからぬ連中が絶えず出てくるものです。

また賢才が少数しかいなければ、官職が多くあったとしても、事務が正しく円滑に行われなくなります。その風俗を正し、賢才を養成するには、学政を盛んにし、儒学を学び、諸技術に精通し、社会や人生の根本をよく習うこと以外にはありません。」

国家の安定は、やはり人材の養成を第一として、しっかりした正しい教育制度と教育施設を設立して、国を挙げて実行することしかないと象山は言うのである。

そう言われれば、象山の様な人物が、後数人いたならばと思えば、正論であることがよく理解出来る。

この事も、われわれはよく学び、実行すべき事だと強く思うばかりである。

⑦ 象山の残してくれたもの

現在われわれ日本人が抱えている「内憂外患や新しい国家の在り方、そして第四次産業革命」などの問題に対し、その解決法を佐久間象山に学んできたのであるが、最後に語るべきことが残されているように思う。

これほど日本に危機が迫っていることに警鐘を鳴らし、更に自分の人生を賭して解決の為の必要な知識、知見、教養を学び蓄積し、現実に敵が攻めてくれば先頭に立って防禦策を提示し、指揮し、自国の将来を憂うるからこそ規則を犯して罪に問われ、九年もの問蟄居を余儀なくされ、そして筋違いの理由で暗殺されこの世を去った、象山の一生は何だったのかと思わざるを得ない。

この本を執筆するまで、私はずっとこの様に思って来た。

しかしこうしてその一生に迫ってみると、既に象山の生前中に、時の国家である江戸幕府は象山の永年の努力に対して、しっかり認めていたことが解る。生前中であるからこの事は象山自身も承知していただろう。

何かほっとさせられる事実である。

松陰に連座して捕らわれの身になり、そして判決が下された。その判決文こそが、幕府は象山を大いに評価していた証拠と言える。

『　御咎申渡書

真田信濃守家来　佐久間修理

其方儀《そのほう》、和漢兵学、西洋学、砲術師範致し罷在《まかりあり》、近年西洋之《の》風教国力等漸々盛大に

相成《あいなり》、加之《しかのみならず》蒸気を以《もっ》て走り候迅速之船出来《しゅったい》候趣、先年書籍之上にて発明し、自ら西洋も隣に候道理にて、特に異国船屡《しばしば》渡来致し候に付、万一《まんいち》本邦を覬覦《きゆ》致し（隙をうかがって）近海へ軍艦を進め候儀もこれ有るべくと業体へ対し、実用の場合専ら御為を存じ、海岸防禦は勿論必勝之籌策《ちゅうさく》（計略）を考え、日夜苦心肺肝《はいかん》を摧《くだ》き候処、戦者《は》彼を知り己を知ると申内《もうすうち》当今の形勢は彼を知るに止り候義と研究致し候折柄……

（後略）』

「その方は、和漢の兵学、西洋学、砲術師範を致していたが、近年西洋の文明や国力などますます盛大に相なり、そればかりでなく蒸気をもって走る迅速の船までが登場する勢いを、先年書物の上で発明し、これからは西洋も隣国になったと思うべきで、特に異国船がしばしば渡来し、万一わが国の隙をうかがって近海へ軍艦を進めて来ることも有ることと思い、そうなった場合の事を考慮して、海岸防禦は勿論のこと必勝の戦略を考え、日夜苦心し全力を費やして、戦は彼を知り己を知ることだが、当今の形勢は彼を知るに止っている。己を知り、己の備えを完璧にする研究をしているところ……」

充分に象山の労苦の末の力量は認められたのである。

その証拠が「御咎申渡書《おとがめもうしわたししょ》」であるところが象徴的なのであるが、幕府の正式な文書において認められたわけだから、象山も納得したことだろう。

また「ご一新」で明治新国家が発足した後の国家体制を見れば、まさに産業革命による西洋科学技術が大幅に取り入れられ、象山の主張が現実になったように見られる。

特に海軍の創設については、象山が夢に見たであろう姿になったし、それに伴う周辺の例えば「造船所」「鉄工所」「兵器工場」などが続々と完備され、その成果のほどは、明治維新の二十六年後の日清戦争、三十六年後の日露戦争での日本海々戦などを知るにつけ、立派に象山の意思が継続され実現されたことを知るのだ。

と見れば、象山の一生があったから、あるいは象山がいたからこそ日本は助けられたと言っても過言ではあるまい。

これほどの人物をわれわれは先人にもっているわけで、こうした偉人に学ばずして誰に学ぶのかと言わざるを得ない。

おわりに

昨年上梓した『横井小楠の人と思想』の執筆中に、既に次は佐久間象山に挑んでみようと決めていました。横井と象山は、共に明治新政府の国家構想係として期待されていながら、共に明治が本格的にスタートする前に斬られてしまいました。私は返すがえすも残念。痛恨の極みであります。二人が生きていてくれたら、どんなに素晴らしい日本になったことか。この念《おも》いを何とか具体的な形に出来ないものか。

そこで横井が存命であればこの様な国家構想を描いたのではなかろうかを書かせていただきました。そして次は象山をとなった次第です。

象山は何しろスケールの大きな雄大な人物で、計り知れない努力家であります。私のような小っぽけな人間には手に余る人でしたが、悪戦苦闘の結果、何とか象山の思想の根っ子の何たるかを掴んだ気も致します。

書き終えてますますその人に惚れ込むことになった初めての人物です。これからも佐久間象山を探究し続けたいと思っています。

今回も致知出版社社長・藤尾秀昭氏、副社長・柳澤まり子氏には、大変お世話になり心より御礼申し上げます。また編集作業を担当して下さった小森俊司氏にも感謝を申し上げます。

一人でも多くの方に、佐久間象山の心のメッセージが届き、わが日本が少しでも世界から尊敬される国となることを祈ります。

令和元年十二月

田口佳史

●参考文献

「象山全集」（全五巻）　信濃教育会編　信濃教育会
「佐久間象山」　宮本仲著　岩波書店
「佐久間象山」　大平喜間多著　吉川弘文館
「評伝佐久間象山」（上下）　松本健一著　中央公論新社
「佐久間象山」　源了圓著　ＰＨＰ研究所
「日本思想体系55　渡辺崋山・高野長英・佐久間象山・横井小楠・橋本左内」
植手通有・山口宗之・佐藤昌介著　岩波書店
「佐久間象山」佐久間象山先生誕生二〇〇年記念事業実行委員会

〈著者紹介〉
田口佳史（たぐち・よしふみ）
昭和17年東京生まれ。東洋思想研究者。日本大学芸術学部卒業。新進の記録映画監督として活躍中、25歳の時、タイ国で重傷を負い、生死の境で「老子」と出合う。以後、中国古典思想研究に従事。東洋倫理学、東洋リーダーシップ論の第一人者として活躍。大企業の経営者や経営幹部などからも厚い支持を得る。52年イメージプラン設立、代表取締役社長。著書に『ビジネスリーダーのための老子「道徳経」講義』『人生に迷ったら「老子」』『横井小楠の人と思想』『東洋思想に学ぶ人生の要点』（いずれも致知出版社）『なぜ今、世界のビジネスリーダーは東洋思想を学ぶのか』（文響社）『超訳 論語』『超訳 孫子の兵法』（ともに三笠書房）『ビジネスリーダーのための「貞観政要」講義』（光文社）『上に立つ者の度量』（ＰＨＰ研究所）など多数。

佐久間象山に学ぶ大転換期の生き方

令和二年一月二十日第一刷発行

著　者　田口　佳史
発行者　藤尾　秀昭
発行所　致知出版社
〒150-0001東京都渋谷区神宮前四の二十四の九
TEL（〇三）三七九六―二一一一
印刷・製本　中央精版印刷
落丁・乱丁はお取替え致します。（検印廃止）

ISBN978-4-8009-1224-4 C0095
ホームページ　https://www.chichi.co.jp
Eメール　books@chichi.co.jp